STOCK
TRADING
WISDOM

炒股的智慧
——在华尔街炒股为生的体验

陈江挺 著

图书在版编目(CIP)数据

炒股的智慧:在华尔街炒股为生的体验/陈江挺著. —北京:商务印书馆,2019(2025.10 重印)
ISBN 978-7-100-16687-4

Ⅰ.①炒… Ⅱ.①陈… Ⅲ.①股票投资—基本知识 Ⅳ.①F830.91

中国版本图书馆 CIP 数据核字(2018)第 230428 号

权利保留,侵权必究。

炒股的智慧
—— 在华尔街炒股为生的体验
陈江挺 著

商 务 印 书 馆 出 版
(北京王府井大街36号 邮政编码100710)
商 务 印 书 馆 发 行
北京中科印刷有限公司印刷
ISBN 978-7-100-16687-4

2019 年 1 月第 1 版　　开本 880×1230　1/32
2025 年 10 月北京第 8 次印刷　印张 6 3/8
定价:26.00 元

前　　言

我靠炒股为生。

这是一本写给有心成为炒股专家的人的书,如果你炒股的目的是业余消遣的话,这本书并不适合你,因为按照本书所说的去做,你将失去"小赌怡情"的乐趣。

想成为炒股专家,你需要专心致志、废寝忘食地学习和实践。这和成为其他行业专家的要求并无两样。

要想成功,聪明、努力、经验和运气缺一不可。运气往往偏爱最努力的人,而不是最聪明的人。

这不是一本股票常识简介,因为我期待这本书的读者已具备这方面的基本知识。我还期待读者有一定的炒股经验。不把钱押进股市,你不可能体验股价升落所带来的贪婪、恐惧和希望,你也就很难明白这本书所提供的炒股规则。

话说回来,虽然这本书是为炒股写的,我相信书中阐述的原理适合任何行业。成功的人士往往具有很多相似的素质,如果你具有炒股成功所需的素质,在其他行业,我相信你也一样能获得成功。

必须承认,炒股只能算是金融行业的一个分支。股票上市的目的不是给大家炒的。股票上市是公司把股权的一部分出卖,筹集资金用来扩大生产或有其他用途。在公司成长的过程中,股东们共享成长的果实。但公司经营有好有坏，有盈利有亏损，股价的反应就是有升有跌，由此提供给炒手们赚取差价的机会。由于牵涉的金额数目巨大，自然吸引各路的英雄豪杰都来一展身手。

虽然股票业也有大小"鳄鱼"，总的来说，这个行业是健康的。股票大市的走向反映了一个国家或地区整体经济的发展。长期而言，投资股票是保持现金购买力的最佳渠道。

金融是庞大的行业，影响股价波动的因素数之不清，有关的知识也列之不尽。要写本炒股的书，怎么选材，从什么角度写，很不容易决定。我如果也在"著"前加个"编"的话，这一"编"可能会把这本书编到经济学大辞典那么厚。我不喜欢大厚本子。这本书写的都是我的亲身体验和观察，都是我认为和炒股有最直接关系的知识。我期待读者每次在炒股中犯了错误以后，或多或少地能在本书中找到犯错的原因，找到不再犯同样错误的答案。最起码，知道什么是错。

犯错并不可怕，可怕的是不知自己犯了错，知错却不肯认错就更加不可救药。

无论想在什么行业成功，你需要有成功的欲望，实现这个欲望的知识及应用这些知识的毅力。我将一步步地告诉你怎样在炒股中做到这些。

我在美国生活了35年，和来自全世界的不同种族和文化背景的人打过交道，结论是人性共通。我在商学院学的专业是国际金融，研究过世界各地的金融市场，结论是它们的变化规律都一样。你学会了炒股的技能，就真正掌握了走遍天下都不怕的一技之长。

这本书没有任何理论和公式，它是我炒股30年来的观察和经验之总结。其中25年，我专职炒股。为这本书里的每条规则，我都没少付学费，我希望读者们能因为读了这本书而少付些代价。

有些人把炒股当成投资，有些人把炒股当成投机。英国有位成功的炒家卡瑟尔（Ernest Cassel）是这么说的："**我年轻时人们称我是投机客，赚了些钱后人们称我是投资专家，再后敬我是银行家，今天我被称为慈善家。但这几十年来，我从头到尾做的是同样的事。**"我找不到比这更好的解释投资和投机的语句。

在股市偶尔赚点钱很容易，困难在于怎样不断地从股市赚到钱。 炒股也是一行，任何行业之所以能够成为一行，是因为它能够给入行者提供不断的收入来养家糊口，否则便不可能成为一行。养猪是一行，种菜是一行，炒股也是一行。炒股这行的特点是入行极其困难。看看你的周围，入行容易的行业通常既辛苦，且报酬也低；而那些入行困难的行业，一旦成功地入了行，你以后的日子往往很好过。炒股就是这样的行业。

有些一入股市便捞了几个钱的人会认为炒股很容易，我要说这是错觉。说白了这只是初始者的运气；这些钱是股市暂时"借"给你的，迟早会收回去，不信的话你就等三年看看。只有在你成为专家之后，你才可能不断地从股市赚到钱并把它留下来。这本书将教你怎样做到这一点。

对还未入行的人来说，炒股是压力极大的行业。因为赚钱时，你不知自己为何赚了钱，你不知下次要怎么办才能重复赚钱的经历；亏钱时，你不明白自己为何亏了钱，下次要怎么做才能防止亏钱再次地发生。我希望你能在这本书中找到解决这些问题的答案。

要在炒股这行成功并没有什么秘诀，和炒股直接相关的知识其实也并不多，否则街角卖茶叶蛋的老太太不可能偶尔也会在股市露一手。至今我还未见过卖茶叶蛋的老太太偶尔客串设计卫星导弹什么的。

股票不是上就是下，否则就是不动。我还想象不出股票有第四种的运动方式。阻碍着一般人在这行成功的不是股票有多么复杂，而在于人本身有很多缺点。本书的第一章就谈些股市的特性及它对人性的挑战。

第二章讲一些和炒股最直接相关的知识。读者应带着两个疑问来读这一章：（1）什么是影响股价的因素；（2）股票在什么情况下运动正常。这一章包括三个部分：价值分析、技术分析及股票的大市。当这三部分的分析都给你正面信号的时候，是你在股市胜算最大的时候。

第三章谈成功的要素。它告诉你炒股成功应做到什么及怎样做，还告诉你应该具备什么样的心理素质和知识。知道什么该做并不难，难在怎么在实践中做好它。

第四章是何时买卖股票。在这一章你看不到"低点买入要谨慎，高点卖出不要贪"之类的废话，什么时候才是低？高到多高才是高？空想出来的炒股绝招没有什么实用价值；买卖股票的要点在于怎么寻找"临界点"。不同的投资策略需要不同的买卖思维，你将了解什么是正确的思路。

第五章是华尔街的家训。牛顿说："我所以能看得更远，是因为我站在巨人的肩膀上。"在这一章，让我们看看炒股这行的先辈们给我们留下了什么经验。投机像山岳一样恒久，等到你也成为行家了，你的经验大约也类似。

第六章谈心理建设。人性中根深蒂固的恐惧、希望、贪婪影响着我们所做的每一个决定，使我们常常做不到自己知道应该做的事。要完全克服人性中的弱点是很困难的,但我们首先必须知道它是什么及什么是正确的做法。

第七章分析了什么是大机会及其特点。读完这一章你就明白了我在谈什么。这里不只是在谈股票。

第八章讲善战者无赫赫之功。大家在前面的章节学习了怎么提高在股市的胜率;学习了什么是在股市应有的心态。这一章告诉大家为什么及怎么分散风险。怎么以预期回报来调节资产配置。告诉大家这一行的最后成功者通常不行险斗狠、孤注一掷。成功者不断累积小胜成为大胜最终达致财务自由。

第九章是和炒手们谈谈天。在这一章我回忆了我的学股历程。如果人性共通的说法不错的话,你学股走过的道路应和我相似。希望你在学股的挣扎过程中因为有了路标而能显得平顺一些。

在今天的社会,我看到很多人为金钱不择手段。而这本又是教人怎样赚钱的书,不加点"金钱的反思"让我觉得这本书不够均衡。如果因为这一附录能使读者对人生有更进一步的认识,我会觉得努力没有白费。

最后,谢谢你读这本小书!

陈江挺

目　　录

引言 1

引子　三则故事 2

第一章　炒股的挑战 5
第一节　炒股与人性 5
第二节　特殊的赌局 9
第三节　一般股民何以失败 12

第二章　股票分析的基本知识 24
第一节　价值分析的基本知识 25
第二节　技术分析的基本知识 32
第三节　股票分析之我见 47
第四节　什么是合理的价位 53

第三章　成功的要素 57
第一节　把握投机原理 58
第二节　资金管理（怎样在股市下注）............... 63
第三节　认识股票的正常运动 67
第四节　成功投资者所具有的共性 73

第四章 何时买股票 何时卖股票 ······ 80
第一节 何时买股票 ······ 80
第二节 何时卖股票 ······ 91
第三节 定位好方法，持之以恒 ······ 97
第四节 人为操纵的赌局，搞清对方的心理 ······ 101

第五章 华尔街的家训 ······ 105
第一节 华尔街的家训 ······ 106
第二节 大师论炒股 ······ 116
第三节 顺势而行 ······ 126

第六章 从有招迈向无招
——怎样在心理上建设自己 ······ 129
第一节 炒股成功的心理障碍 ······ 130
第二节 心理训练 ······ 135

第七章 抓住大机会 ······ 142
第一节 "疯"的故事 ······ 142
第二节 "疯"故事解剖 ······ 150

第八章 善战者无赫赫之功 ······ 157
第一节 首先确定自己的战略目标 ······ 158
第二节 什么是股市可以期待的合理回报 ······ 160
第三节 善战者无赫赫之功 ······ 163
第四节 思路清晰，无怨无悔 ······ 166

第九章　和炒手们谈谈天 ·············· **171**
  第一节　学股的四个阶段 ·············· **173**
  第二节　回答几个问题 ················ **181**
  第三节　如果从今天重新开始 ·········· **184**

附录　金钱的反思 ···················· **190**

引　言

　　华尔街有个说法："你如果能在股市熬10年，你应能不断赚到钱；你如果熬了20年，你的经验将极有借鉴的价值；你如果熬了30年，那么你退休的时候，定然是极其富有的人。"要达到这些成就，必须有个前提，那就是你应当成为一位真正的炒股专家。只有在你成为专家之后，你才可能不断地从股市赚到钱并将它留下来。

引子 三则故事

年轻人的故事

从前,有位乡下青年,读了点书,嫌乡村的生活单调,决定要去城里闯世界。临走时,他向村长请教,村长给了他三个字的忠告:"不要怕。"并讲好等他回来时还有另三个字相赠。

30年后,饱经风霜的青年带着满头白发决定还是回乡村生活。回来时,得知当年的村长已死,心中怅然若失,不知村长另外要赠的三个字是什么。村长的儿子转交给他一个信封,说是父亲临死前嘱咐交给他的。信中只有三个字:"不要悔。"

赌博的故事

这是则老故事。中国以前流行赌骨牌。骨牌共有36个数字,从1到36。赌客任押其中的一个数字,庄家开牌只开一个数字。如果被你押中的话,1赔35。

且说有位老赌客,很久都没有赢过。有一天,他拿了36个赌注入场,告诉庄家说:"我不想再赌了,但在我收手之前,我一定要赢一次。今天我拿了 36 个赌注入场，从 1 押到 36，我不可能一个数字都押不到，明天我就收手。"讲完他去上厕所，途中从他的怀中掉了一个红布包好的赌注，庄家乘赌客没注意，偷偷地把这一注收起来，打开一看是 12。

赌客从厕所回来，把他的赌注全部摆上台面，但只有 35 注，另外一注怎么都找不到。他搔着头皮说："奇怪，我明明带了 36 注来，另一注掉到什么地方去了？会不会留在家里没带来？"

但因庄家开牌在即，回家一趟已来不及，他便说："算了，只差一个数字，应不会有大关系。"

庄家不愿失去这位赌客，便决定这一次开 12。赌台上的人全注视着摆在台面上的 35 个小红布包，打开第一个包，押 12，第二个包，押 12……35 个小红布包全押 12！庄家就此破产。

小偷的故事

从前，有人以偷为生。小偷的儿子有一天对他说："爸爸，我要像你一样以偷为生，你教我怎么偷东西吧！"小偷看着儿子那副尖嘴猴腮的模样，好逸恶劳的个性，心想若不学偷，这个孩子日后或许会饿死，便答应了。

一天晚上，小偷带着儿子到了一幢大房子前，在墙上挖个洞，爬进大房子。他们找到储藏间，小偷便叫儿子进去找些值钱的东西。儿子一进去，小偷便在外面将储藏间的门锁上，同时跑到天井大喊大叫,吵醒这家人,随即,小偷便从墙上的洞溜了出去。这家人知道遭了窃,全家都出来查看。当他们看到墙上的洞,便以为小偷已经溜走了。此时主人便叫佣人点上蜡烛到储藏间看看不见了什么。

小偷的儿子在储藏间千万遍地咒骂他的爸爸,当他听到有人要到储藏间查看,更是吓得腿都软了。但他没有什么办法,只好躲在储藏间的门后。佣人一打开储藏间的门,小偷的儿子冲出来,一口气吹灭蜡烛,推开佣人,拔腿就跑。这一家人便大呼小叫地在后面开始追。在逃跑的路上,他看到有口池塘,便拾起一块石头丢到池塘里,在这家人围在池塘边寻找"尸体"的时候,小偷的儿子已回到家里。

他正想指责爸爸的残忍,爸爸已先开口了:"儿子,告诉我你是怎么回来的?"听完儿子的故事,小偷说:"孩子,你已学会怎么偷东西了。"

朋友,你开始看这本书,准备玩全世界最刺激的游戏并要成为专家时,我要给你这样的忠告:不要怕,也不要悔;玩游戏之前,先搞清游戏的规则,面对人为操纵的赌局,一定要摸清对方的心理;最后提醒你,小偷的本事不在偷,而在于危急的时候怎么逃。

第一章 炒股的挑战

股市给人以钱赚钱的机会。对那些胸怀大志者，股市简直就是一块经济福地。然而这个"有经验的人获得很多金钱，有金钱的人获得很多经验"的地方杀机四伏，偶有斩获虽然不难，要频频得手并非易事，而以此为生则更是对自我和人性的挑战。

如果要我用一句话来解释何以一般股民败多胜少，那就是：人性使然！

说得清楚些，就是这些永远不变的人性——讨厌风险、急着发财、自以为是、赶潮跟风、因循守旧和耽于报复——使股民难于避开股市的陷阱。说得简单些，就是好贪小便宜、吃不得小亏的心态使一般股民几乎必然地成了输家。

第一节 炒股与人性

俗话说，挣钱只有三个方法：用手、用脑、用钱。用手挣的是辛苦钱，用脑挣钱的已算是人上人，真正的挣钱是用钱挣钱。用钱挣钱，听来多么吸引人，谁不想用钱挣钱？但用钱挣钱的先决条件是必须有钱，其次是你有相关知识来用这些钱挣钱。股市就提供了这种完美的机会。

炒股不要求你有很多钱，大有大做，小有小玩。它也不要求什么了不起的学识,非要学上三年五载才能买股票。股票市场给了所有像我一样穷人家的孩子一个用小钱就能用钱挣钱谋生的场所。这个场所还算相对公平,穷人家的孩子可以靠自己的努力谋求进步,在股票市场找到自己的天地,不需要家庭的背景。

我自己的经历比较复杂。我是中国为数不多经历土插队和洋插队双重插队的人。我养过牛,种过地,曾在工厂做过工程师,也在报社做过记者,在美国的餐馆做过多年跑堂,也曾戴领带任职大财团的投资分析员、银行的贷款专员。我还拉过人寿保险,也是有牌照的地产交易经纪人。在我这么多的经历中,没有一个行业比炒股为生更为艰难。

谁能在炒股行生存?

我有不下十位朋友试图跟我学习专职炒股。不必看老板脸色,不要定时上下班,不用在办公室尔虞我诈,想想看,炒股为生或说职业炒股是多么具有吸引力!他们不是硕士便是博士,智力毋庸置疑。可惜的是毫无例外,他们在这行只生存了几个月!

在他们开始学股的初期,我总是将我的所知倾囊相告,因为这行其实根本没有秘密,他们可以随时打电话给我,得到我的帮助。但他们都失败了,在股票学校交了学费毕不了业。我常常想,这些绝顶聪明的朋友,有近乎学什么会什么的天分,在这行为何无法生存呢?

随着时间的推移和阅历的增加,我慢慢感悟到这些聪明人失败的原因大约有两个:(1)炒股的技能太活了;(2)他们太聪明,选择太多。

炒股是有技术的。20世纪的美国著名炒家朱尔(Daniel

Drew）有句名言："**股票市场是有经验的人获得很多金钱，有金钱的人获得很多经验的地方。**"炒股的技术来自于经验的积累，这一积累过程是艰难且痛苦的，那些懒惰的人，不愿动脑的人和只想快快发财的人在这行没有生存的空间。

和其他行业不同的是，这行的技术不是死的，它是一种"心态"，看不见摸不着的"心态"。你只能用心来感悟它。你学习修车，轮胎坏了换轮胎，刹车坏了换刹车，只要熬的时间够长，你就会成为修车专家。换轮胎、换刹车都是看得见摸得着的东西，上次是这么换，下次还一样。股票可不同了，上次出这个新闻时股价升，下次出同样的新闻股价可能跌。你怎么知道股价何时会升会跌？靠的是感觉！**你必须有何时股票运动正常，何时股票运动不正常的感觉。**

可是现实生活中没有人有可能精确地推断股票的下一步运动。无论你研究股票多少年，你唯一可能做到的是提高预测准确性的概率，100%是做不到的！股票虽然只有升跌两个方向，但它什么时候进行哪个方向的运动完全没有确定性，一般人对任何不确定都是充满恐惧的，坦然接受不确定的未来是一种对人性的挑战。

人性与经验

让我举个例子来解释"心态"是什么东西。广东有句俗语叫"傻瓜次次不同"，意思是说上当受骗的情形每次都不一样。我听过、看过、读过很多骗人或被骗的故事。往往是骗人的花招并不高明，被骗的人也并不蠢，但大同小异的故事总是不断发生。我曾细细探讨过其原因，结论是受骗者往往有一共同的特点："贪"！想不劳而获。这个"贪"就是心态。你可以教他很多招式，如下次碰到什么情形不要相信等。但只要他不改"贪"的心态，他一定还会上当受骗，骗子的花招总比他的防招来得多。你要教他"不贪"，你几时看到过"不贪"的人被骗的？"不贪"也是心态。

"贪"是人性，"不贪"是经验。你不可能叫一个人不贪他就不贪了。他要吃很多亏、上很多当才明白，不贪是不再吃亏上当的灵丹妙药。

炒股也一样。下面，你很快就会读到炒股的最重要原则之一是止损。但人性是好贪小便宜，不肯吃小亏，只有不断地因为贪了小便宜却失去大便宜，不肯吃小亏最终却吃了大亏，你才能最终学会不贪小便宜，不怕吃小亏。**可以这么说，学股的过程就是克服"贪"等与生俱来的人性，养成"不贪"等后天的经验的过程。**

这个学习的过程并不如同一般人想象得那么简单。好贪小便宜，不肯吃小亏是心态。不贪小便宜，不怕吃小亏也是心态。要实现这种心态的转变，你要战胜自己。战胜自己可不是件容易的事，这也是聪明人常常学不会炒股的原因。他们能够战胜自然，但他们往往无法战胜自己。

我这些受过良好教育的朋友都做了理智的选择。他们及时放弃了不知明天能不能赚到钱，也不知未来有无可能赚到钱的炒股业，今天都在有固定收入的行业早上班、晚下班。他们都是专业人士，他们都工作在值得尊敬的行业。也就是因为他们有这样的选择，他们的炒股命运也就被决定了。

我自己的两个硕士学位分别在工程和金融领域，这两大学科的朋友都很多。人人都想炒股，还未看到一位成功的。所以我只能对这两大行业的读者朋友们说：你们可以选择以研究股票为生,也可以选择以教别人怎么炒股票为生,想选择以自己炒股为生的话,要三思,你们的选择太多,所以成功的机会不大。但你们如果能铁了心决定战胜自己,则你们迟早能成功。我是过来人,这些年来我一直在华尔街以炒股为生。坦率地讲,我之所以能熬过来,实在是因为不愿在洋人的地方看洋老板的脸色为五斗米折腰;我也不愿如一般华侨那样靠炸鸡翅膀为生。

我熬下来的原因是因为"没办法"!不过回过头想想,真正艰难困苦的时期其实很短暂。

人有很多缺点,这些缺点的形成有的可以说是动物的本能,有些是长期生活中培养出来的习惯。股市有它自己的特点。在股市中,人的缺点无所遁形。以下让我们探究一下股市的特点及普通人难以在股市成功的原因。

第二节 特殊的赌局

股票充满迷惑性

什么是股票?它代表着上市公司的一分子。

股票的诞生依赖于其所代表的企业的资产。但股票一旦出生,脱离了母体,它就有了自己的生命,不再完全依赖母体了。

一头母猪现价100元,把它分成100份股票出卖,每股应是1元。这一小学生都不会算错的题目在股市上就会走样了。假设将这头母猪注册成凤凰大集团,发行100股凤凰大集团的股票,你认为凤凰大集团的股票每股值多少?如果将这些股票上市,你认为凤凰大集团的股票会以什么价钱交易?答案是它既可能以每股一毛钱的价格交易,因为股民会认为母猪会老,会死!但也可能以每股上百元的价位交易，因为他们也会想象到母猪每半年能生10只小猪，而小猪长大后又会生小猪，真是财源滚滚，永无止境！

只要养这头母猪的张嫂，也就是凤凰大集团的张董事长，能说服股民们相信这头母猪的生育能力奇强，而她的经营管理能力又是特高！凤凰大集团的股票被炒到上千元也不奇怪。毫无疑问，凤凰大集团的公司介绍上不会说集团资产只是一头母猪，它会告诉股民们集团从事的是"饲料购销、良种培育"之类挑战性的业务。

到底股价和股票所代表的价值有什么关系？华尔街流传这样的故事：两位炒手交易一罐沙丁鱼罐头，每次交易，一方都以更高的价钱从对方手中买进这罐沙丁鱼，不断交易下来，双方都赚了不少钱。有一天，其中一位决定打开罐头看看，了解一下为什么一罐沙丁鱼要卖这么高的价钱，结果他发现这罐沙丁鱼是臭的。他以此指责对方卖假货。对方回答说："谁要你打开的？这罐沙丁鱼是用来交易的，不是用来吃的！"

读者们如有耐心读完第七章，就会对股票及股价的特性有更深的了解。**股票的迷惑性不在于股票所基于的价值，而在于它给炒股者提供的幻想。**

你时刻面临着行动选择

股市就像恒久的赌局，它没有开始，也没有结束。股价永远在动，只要有人以较上个交易价更高的价钱买股票，股票价格就升一点。相反，有人愿较上个交易价更低的价格卖股票，股价就跌一些。上上下下就如同波浪，看不到始，也看不到终。

到赌场去赌钱，你知道何时赌局开始，因为庄家会告诉你该下注了。你也知道赌局何时结束，全部的牌一翻开，这个赌局就结束了。你很清楚输会输多少，你也知道赢会赢多少。在股市下注，你直接面对何时进场、何时等待、何时出场的决定。没有人告诉你进场的时间，也没有人告诉你离场的时候，所有的决定都要自己做，每个决定都是那么的艰难，每个决定都没有定规。你不知这一注下去赢会赢多少？输会输多少？赌注的数额也必须由你决定。所有这些决定都是令人生畏的。

你决定进场了，幸运地你有了利润，股价升了。你马上面对一个问题：够吗？你怎么知道股价的波动不会一波高过一波？不幸地股价跌破你的买价，你也面对一个问题：亏多少？更要命的是你不知道它是不是暂时下跌，很快就会反弹？如果最终有可能得到胜利，为什么现在要承认失败？

在股市这恒久的赌局中，你每时每刻都面对着这些决定。

更重要的是，在股市上的这些选择，并不仅仅是脑子一转，而是必须采取一定的行动才能控制你所投资金的命运。不采取行动，你的赌注永远都在台面上。而"行动"二字对懒惰的人来说是多么令人厌憎的字眼！

问问你自己喜欢做决定吗？喜欢独自为自己的决定负全部责任吗？对99%的人来说，答案是否定的。**股市这一恒久的赌局要求你每时每刻都要做理性的决定，且为决定的结果负全部的责任！**这就淘汰了一大部分股民，因为他们没有办法长期承担这样的心理压力。

大出所料的损失

这一恒久变动的股市还有一个致命的特点：**它能使你亏掉较预期多得多的钱。**因为你什么都不做，也可能使亏损不断增加。

在赌台，每场游戏你最多失去你下的注。你在下注之前就很清楚你准备失去这个数目。除非你在下一场赌局重新下注，你的亏损不会超出这个数目。在股市，它把你的下注拿走一些，又给回一些，有时多些，有时少些。你说该怎么办才好？在这个过程中，你原先准备最多亏100元的，最终可能亏掉500元。因为股票游戏没有终止的时刻，没有人告诉你游戏结束了。它从不结束，除非股票停盘。

在赌场里，每场新的赌局都有新的开始，其结束也是自动的。胜负的结果基本是由概率决定的。你如果不想输钱，下一手不下注就可以了。只要你不动，本金就不会减少。

对坐在赌台上的赌徒来说，不下注是很困难的。因为新的赌局就是新的机会。你很少看到赌徒愿意错失新的机会。虽然不入场不容易，出场却很容易，无论赢或输，游戏结束时你也就自动离场了，你在理智上不需要做任何判断。

第三节 一般股民何以失败

从技术的角度探讨一般股民失败的原因，自然可以归纳出好多条，我这里仅从人性的角度，用心理分析的方法，来看看一般股民在股市当中何以宿命般地会遭遇失败的命运。

炒股不是科学

炒股有个很特别的地方！**炒股不是科学**。科学要求能够重复，股价的变动从不重复，最多只有百分之多少相像！百分之二十的相像和百分之八十的相像看起来完全可以是两码事！

我自己早年研读机械工程，开始研究股票的时候自然而然地采取科学的方法。浪费很多时间以后才明白研究股票采用科学的方法有问题；找不到答案！科学需要能够重复，不完全重复的东西是无法用科学的方法来研讨的。我们从小学习的数理化都是科学，我们的思维通常都被科学的思考方法固化了！我们在股市寻找重复，我们认为股市应该重复。浪费很长的时间之后才明白原来股市不重复。和股票相关的一些知识比如金融分析等很像科学，一旦试图应用这些知识到股市往往发现相当困难！很多学校有金融专业，这么多人靠研究金融或教金融为生，可大家看到多少金融学的教授炒股赚到了钱？从理论上说这些金融学教授应该是人类之中最富有的一群人，事实是这些金融学教授很少是股市的成功者。**股市的成功者需要金融知识，但金融的知识并无法直接在股市转变成财富。中间需要一个换位思维。**

重新学习一种思维方式；用哲学和艺术的思维方式来面对不确定，再应用概率分析的思考方式应对之并不如想象中那么容易。我们从小学习的科学的思考方法在股市往往成为成功的障碍。

人性讨厌风险

纽约有位叫夏皮诺的心理医生，他请了一批人来做两个实验。

实验一

选择：第一，75%的机会得到1000美元，但有25%的机会什么都得不到；第二，确定得到700美元。

虽然一再向参加实验者解释，从概率上来说，第一选择能得到750美元，可结果还是有80%的人选择了第二选择。大多数人宁愿少些，也要确定的利润。

实验二

选择：第一，75%的机会付出1000美元，但有25%的机会什么都不付；第二，确定付出700美元。

结果是75%的人选择了第一选择。他们为了博25%什么都不付的机会，从数字上讲多失去了50美元。

问问你自己，如果你是参加实验的一员，你会做什么样的选择？

股票是概率的游戏，无论什么样的买卖决定，都没有100%正确或不正确的划分。人性中讨厌风险的天性便在其中扮演角色。

我们看到股民好获小利，买进的股票升了一点，便迫不及待地脱手。这只股票或许有75%继续上升的机会，但为了避免25%什么都得不到的可能性，股民宁可少赚些。结果是可能有5000元利润的机会，你只得到500元。任何炒过股的读者都明白，要用较出场价更高的价位重新入场是多么困难。股价一天比一天高，你只能做旁观者。

而一旦买进的股票跌了，股民便死皮赖脸不肯止损，想象出各种各样的理由说服自己下跌只是暂时的。其真正的原因只不过为了博那25%可能全身而退的机会！结果是小亏慢慢积累成大亏。

每次我看到中文中"套牢""割肉"等英文所没有的词汇，都要拍案叫绝。发明这些名词的人真应得诺贝尔文学奖！这些词语对那些不肯止损的股民的描绘实在太形象了。

假如说股票的运动只有上、下两种途径，所以每次买股的盈亏机会原本各是均等的50%的话，对于一般股民来说，由于人性好小便宜、吃不得小亏的心理，使得在股市中赢时赚小钱，亏时亏大钱，它就成了输赢机会不是均等的游戏。

股市没有击败你，你自己击败了自己。

人的发财心太急

我读过很多炒家的传记，在他们成为"家"之前，往往都有破产的记录。比如20世纪初的炒家杰西·利物莫（Jesse Livermore），他便有三次破产的记录。导致他们破产的心理因素通常只有一个：太急着发财！行动上就是注下得太大。

我刚开始学股的时候，知道自己什么都不懂，在炒股上还是比较谨慎的，不敢每手下注太多。一年以后，自己觉得懂了一点，心就开始大了，每次入市，我开始有个期待："这只股将改变我的生活方式。"

让我解释一下"改变生活方式"的意思。金钱有个量变到质变的过程。假设你今天手头多了1万元，你会觉得松动了一些，也许多上馆子吃两顿，但你仍将住现在的房子，坐同样的公交车，因为它不够改变你的生活方式。现在假设你手头多了100万元，你可能会买更大的房子，买辆车子及其他以往想要却因为钱不够而没买的东西。这就是量变到质变的过程。

心一旦大了，行动上就开始缺少谨慎。首先我每次买股买得太多，其次止损止得太迟。我为此遭受了巨大损失。

因为这种对改变生活方式的期待，我在市场尽量收集对自己有利的消息，忽略对自己不利的消息。特别是在股票运动和自己的预期不符合的时候，这样的欲望更是强烈。

我常常思考为什么会有这样的感觉，或许是因为股票输赢的不可预测才会导致这样的心理。

如果在赌场，每次下注你都很清楚输赢是多少。运气不好，你下的注全没了，运气好，你也知道赢多少，你没有任何幻想。但在股票市场，你无法预测股票会向某个方向走多远。股票可能翻1倍，也可能翻10倍。由于这种"赚大钱"的可能，你失去了心理防备。

带着"赚大钱"的心理入场，你的注会下得很大。如果不幸开始亏损，要接受"亏很多钱"的现实是很困难的。随着亏损的一天天增加，你的正常判断力就慢慢消失了。直到有一天你终于无法承受过于巨大的损失，断腕割肉。你承受了在正常情况下不会发生的大损失。

股票市场还有一个很大的陷阱，它就是融资炒股。融资放大了资金的能量，在顺境的时候当然可以增加回报；但市场不顺的时候，融资可能让你蒙受超出自身承受力的损失。而带着发大财的心理入市，很少人能够抵抗融资的诱惑；资产的上升没有上限，靠融资赚到的额外回报本身有极大的吸引力，让人欲罢不能；想劝说赢家收手基本没有可能！只会越做越大。最后很可能在融资的杠杆之下，连本带利加快返回给股市。

这种赚大钱的可能以及挣了大钱后对你的生活方式、虚荣心及权力的幻想，是极其危险的。可能性是存在的，在现实中并不容易实现，你需要有很多的经验，很强的自制能力。

人好自以为是

大家都知道股价总是在升升落落。当一天结束的时候，股票以某一价钱收盘。你有没有思考过它代表了什么？它代表了股市的参与者在今天收市时对该股票的认同。

任何一个交易，都有买方和卖方。你买的股票都是某人卖给你的。交易所提供了一个交易的场所。只要两位股票参与者在特定的价格上，一位愿卖，一位愿买，他们的交易就完成了。价格也就这样确定了。无论按你的想象，他们是多么无知，多么愚蠢，他们在某个价位交易是事实，你不能和事实争辩。你或许认为股票不值这个钱，但事实是有人以这个价钱买了股票。

除非你有足够的资金，压倒股市中所有和你意见不合的人，你可以按自己的意志确定股票的交易价格。否则，你的想象，你的判断，你的分析，都不能移动股价一分一毫。

无论你对价值的判断是多么基于科学的分析，如果股市的大多数参与者不认同你的看法，股价将随大多数人的意志而动。

要特别指出：在炒股这行，传统的对错在这里是不存在的或者说是没有意义。 无论你的智商多高，有什么学位，多么的德高望重，在股票行你的意见不具备在其他领域的分量。**投资大众及他们对未来的看法是影响股价的唯一力量。** 他们用交易证明自己的信念。你的看法可能影响一部分投资人，但在他们用自己的现金来认同你的看法之前，你所说的一切一钱不值。

对股市的观察者而言，每个交易及其对股价的影响提供了未来走势的信息。你如果能从这些信息中找到其意义，它提供了低买高卖的机会。每位单独的投资人都有他独自买或卖的理由，无论这个理由在你看来是多么的荒谬。如果大多数投资者持类似理由，结果是股票随大流而动。你可能对了，但你将亏钱。

股价就是股价，无论你认为这只股票值多少钱，无论你认为股价和股值是如何脱节，股价永远是对的。 作为股市的一员，你首先必须是观察者，通过观察来感受股价的走向，通过观察来寻找机会。然后成为参与者，投入资金来实现这个机会。你常常面对两个选择，即选择正确或选择赚钱，在股市，它们常常并不同步。

人好跟风

作为单独的投资者，你要决定入场的时间，决定持股的时间，决定出场的时间。而股市就像海洋，它永不停息，没有始点，没有终点，每个浪潮的方向都难以捉摸。虽然它有涨潮，有退潮，但涨潮时有后退的波浪，退潮时有前进的波浪。一句话，股市没有既定的运行准则。

要想达到盈利的目的，你必须建立自己的规则。否则，太多的可能会使你无所适从，其结果将是灾难性的。在心理上困难的地方在于：你必须自己建立规则，并完全由自己为这些规则所产生的后果负责，这是极大的责任。

承担责任是一般人所畏惧的。看看你身边发生的事件就不难明白。一旦有任何差错，张三怪李四，李四推王五。而在股市出错又是如此的容易。

对那些还不完全明了股票的运动规律，未能明白在何种情况下应如何应付的新股民来说，建立自己的规则绝非易事；因为它必须建立在学识、经验、自我判断等因素之上，况且没有人能立即建立完美的规则，特别在你对该游戏的特性和对风险的承受力还未有合理评价的时候，你必须不断修改这些规则，承担执行这些规则的后果。

但新股民既然要投入股市，要成为股市大军的一员，而他们通常不具备制定规则的能力，也没有承担后果的心理准备，那他们自然的选择就只能是"跟随领袖"。这些"领袖"可能是隔壁的剃头师傅，也可能是楼上的裁缝，理由多半是他们"炒过几年股票","曾赚过钱"。这样,这些新手们就轻易越过了做决定的横杠,如果结果是失败的,他们也有了代罪羊:"楼上的王裁缝真是差劲!"这就是所谓的"人好跟风"及其经常性的后果。

有一天,一位朋友打电话给我说他准备卖掉手中的所有股票,我问他为什么?"昨晚走路摔了一跤,从来都没这么倒霉!"它们之间有什么联系吗?但我还是说想卖就卖吧,反正不卖你也睡不着觉。

我明白他为什么这么想。因为我也曾有过类似的思想经历。一位缺少计划的投资者,他的输赢是随机的。就如同抛硬币一样,无论你怎样想,不知道下一手是出正面还是反面。在股市上,上回赚了钱,他不知道为什么,他不知下回怎么做才能重复赚钱的愉快经历。亏了钱,他也不明白为什么亏,下次该怎么做去防止再次发生亏损的情形。这在心理上必然会产生极其沉重的压力,带来的忧虑、期待和恐惧是难以用笔墨形容的。他觉得自己失去了控制,在股市的海洋中无目的地漂流,不知下一站是何处。

解决这一问题的唯一方法就是学习,慢慢建立自己对市场的感觉,不要跟风,不要人云亦云,一定要建立自己的规则。

人好因循守旧

平常上街,出门看到的仍是熟悉的房子、熟悉的街道。就是变动,比如修马路,也是缓慢的。我们去上班,走的通常是熟悉的路,办公室的模样相对稳定,工作的性质和内容也是相对稳定的。现在想象一下你去某个地方上班;走的"路"是不熟悉的,路边的"房子"是陌生的,更糟的是没人告诉你今天的"办公室"在什么地方,找不找得到"办公室"自己负责。此时你会有什么感觉？你一定觉得茫然失措。

股市就是这样的地方。它们不会完全地重复自己。去年股票有这样的运动方式，今年绝不会有同样的波动。你就像跳进了海洋，失去了方向，觉得自己渺小、孤独、无助。

股市有它特有的规律，有它自己的特点。这些规律和特点都不是完全不变的，它只给你似曾相识的感觉！ 按这些规律和特点来指引你在股市的行动，你能有超出 50% 的把握就不错了。如果每天都要面对未知和疑问，有多少人能长期承受这样的煎熬？

人好报复

在赌场，我常看到赌徒们输了一手，下一手下注就加倍，再输了，再加倍。希望总有一手能赢，那时就连本带利全回来。这一方面是人性中亏不起的心态，另一方面是报复赌场，报复赌场让他们亏钱。从数学上讲，这是可行的，只要你有足够的资金，总有赢一手的机会。所以美国的赌场都有下注最低额和最高额的规定，够你最多翻 7 倍。如最低下注额是 5 美元，最高常是 500 美元。第一注 5 美元，二注 10 美元，三注 20 美元，四注 40 美元，只要赢一手，就能翻本。我自己就曾这么赌过，输得灰头土脸。你也许不相信连输七手是多么的容易。任何人用这样的翻倍法赌钱，只是加快剃光头回家的时间。

在股市中，买进的股票跌了，你就再多买一点，因为第二次买的价钱较上次为低，所以平均进价摊低了。从心理上，你的心态和赌场亏钱时一样。一方面你亏不起，另一方面你在报复股市，报复股市让你亏钱。同时内心希望，只要赢一手，就是连本带利全回来。因为平均进价摊低了，股票的小反弹就能提供你全身而退的机会。

这样的心态是极其有害的。股票跌的时候通常有它跌的理由,常常下跌的股票会越跌越低。这样被套牢,你就越陷越深,直到你心理无法承受的地步。一个致命的大亏损,常常就彻底淘汰了一位股民。

人总是迟疑不决,心怀侥幸

大家知道美国有感恩节,也叫火鸡节。纪念印第安人用火鸡拯救第一批从欧洲抵达北美快饿死的英国人。野火鸡当年在美国是很多的。

以前北美有这样一种捕捉火鸡的方法:猎手置一笼子于旷野之中,门是卷起的。猎手先用玉米铺条路,让火鸡自然地顺着玉米铺成的路跑进笼子里。通常笼子里放的玉米比较多,火鸡进笼子后不会马上跑出来。一旦进入笼子的火鸡够了,猎手就触动机关,放下笼门,火鸡就被关进笼子里了。

以下是一个真实的故事。

一天,一位猎手早上去查看他的笼子。发现笼子里有 12 只火鸡。在他放下笼门之前,1 只火鸡溜出了笼子。"哎,我手慢了些,让我等等看,看那只火鸡会不会自动跑回笼子里!"

在他打开笼门等那只火鸡回笼的时候,又有 2 只火鸡跑了出去。"见鬼,11 只火鸡已经不错了,我怎么会让那 2 只也跑走呢?现在只要外出的 3 只火鸡有 1 只回来,我就关门。"

很快,又有 3 只火鸡昂然地离开了笼子,接着又是 3 只!当笼子里只剩最后 1 只火鸡的时候,猎手毛了:"要么 1 只都不要,但如果有 1 只回笼,我就关笼子,拎 2 只火鸡回家。"

最后，这位猎手空手回家。

亲眼看见全过程的凯利（Fred C. Kelly）先生将这个故事写进了他的小册子《投机心理》(The Psychology of Speculation)之中。

有一定炒股经验的股友读这个故事时大约会发出会心的微笑！这一心理过程对他们而言是非常熟悉的，每个炒股的人都会经历这个过程。20元买好股票，定好18元止损，当股票跌到18元时，你有没有想想再等等？或许股票马上反弹？可惜股票却不幸跌到16元，你会不会拍自己的脑壳说："真该按照定好的规矩办！18元时就走人；现若股票反弹5毛钱我就一定说再见。"现在股票跌到10元了，你准备怎么办？你会发毛吗？你会不会发狠："老子这次拼了！现在就是不走，我倒要看看你最低会跌到什么地方？"

当然，最后的结局很少例外，通常是股票学校又多了位交了学费毕不了业的炒股人。

以上我们讨论了一些股市的特点及人性的弱点。坦率地说，除了你自己必胜的信念之外，其他的一切几乎都反对你在股市成功，就算你的亲朋好友，有多少人会鼓励你靠炒股为生？对那些只想在股市赚几个零花钱的朋友来说，股市在开始时或许很慷慨，随着时间的推移，你就会明白它向你讨债时是何等凶恶。

还要提醒你，你的对手可能很强悍！开个炒股账号很容易，买卖股票也很容易，但你知道交易对手是谁吗？你的对手可能是巴菲特，可能是证券行的人工智能团队，你的对手可能深不可测。**你在和巨人搏斗，蛮干是不成的。你要学习技巧，永不和它正面冲突。你要了解这位巨人，熟悉它的习性，在适当的时机，攻击它的要害。只有这样你才有胜利的机会。**

股市这位巨人很笨重,作为独立炒手的你很灵巧,一旦发现你的攻击无效,你就必须逃离,防备巨人的报复。

炒股是很古老的行业,成功的先例非常多,这是不需要天才的行业。最重要的是锲而不舍的精神和战胜自己的勇气。可以这么说,识不识字和能否在股市成功没有必然的联系。当然,识字的总有那么点优势。

下一章我们将谈一些炒股的基本知识。

第二章　股票分析的基本知识

价值分析，主要分析公司的小环境。大环境的变化是谈天的好材料，用来炒股的实用性不大。研究小环境中公司的经营情况是必要的。以我自己的经验，如果只靠走势图来炒股，不知公司到底是干什么的和干得怎么样，心里虚得很。

你认为什么因素使投资者入市买股票？华尔街有过调查，使一般投资者入场买股的原因，最主要是股价在升，而不是股票的成本收益比率低或红利高！同样，投资人卖股票的最主要原因，是因为股价在跌。

请记住：当街头巷尾的民众在谈论股市如何容易赚钱的时候，大市往往已经到顶或接近到顶。人人都已将资金投入股市，股市继续升高的推动力就枯竭了。而大众恐惧的时候，则该卖的都已经卖了，股票也差不多跌到头了。

我假设这本书的读者已具备最基本的股票知识，如什么是股票、股票是怎样交易的等。

你如果这样的知识还不具备，我建议你先去找本股票常识读物。这类读物在任何书店都能找到，在书店占的位置通常都不会太冷僻。这些知识是死的，了解起来很容易。以我的观察，一个人若能稍微专心点的话，两个星期就足够了。在这里，我无意用100页的篇幅来介绍到处都有的材料。每位认真的股市参与者，都应该有个自己的小图书馆，其中包括最少一本有关股票常识的读物。

分析股价升跌及为何升跌的知识，可以粗略地分成两大类：

（1）价值分析（fundamental analysis）；

（2）技术分析（technical analysis）。

技术分析是研究股价、时间、交易量之间的相互关系，即图形分析，其他都属于价值分析的范畴。

不要将两种分析完全分割开，它们其实是互相关联的。我们在技术分析中看到的股价、交易量和时间的互动关系其实反映了投资者对公司经营的看法。他们用自己的资金来为该公司的前景投票。

和炒股息息相关的另一重要知识是怎样判定股票的大市，即股市的大趋势如何。要想炒股成功，判定大市的能力必不可少。牛市或熊市指的就是大市。大市升叫牛市，大市跌叫熊市。

第一节 价值分析的基本知识

历史上股票操作从来都被认作投机行为，被称为投资是不到一百年的事情。投机的英文是"speculation"；投资的英文是"investment"；它们的意思有本质的不同。从字面上区分，投机被认为是高风险的交易，类似于赌博。投资属于低风险交易，用数字分析做交易指导。

股票交易的称谓从投机变成投资首先要感谢一位名叫本杰明·格雷厄姆（Benjamin Graham）的美国人，他的两本书——《聪明的投资者》（The Intelligent Investor）和《证券分析》（Security Analysis）——奠定了价值分析的理论基础，巴菲特作为这一理论的执行人取得了令人信服的成功。

格雷厄姆倡导的价值分析注重公司的资产、盈利、红利、负债等财务数字；由这些可以量化的数字做指导，他认为投资者可以避免股市疯狂和压抑带来的极端情绪影响，做出理性的判断。

经过几代人的补充，包括哈里·马科维茨（Harry Markowitz，1990年因资产配置理论获诺贝尔经济学奖）的现代资产配置理论等，价值分析已成股票投资的主要理论基础。作为这个理论的学生，我上现代资产配置理论这门课的授课教授还恰好是哈里·马科维茨！我接受这套理论在股票投资的指导意义。整套理论以数字做基础，给人很科学的感觉，很容易接受。要完整地介绍价值分析的条条道道需要很大的篇幅，一般的读者了解最基本的概念也就够了。就我自己的经验，在研究上钻牛角尖对具体投资实践往往还有负面影响；影响股价升跌的最大因素不在于基本面的数字而在于股民的大众思维。

价值分析离不开公司的财务分析，怎么具体做公司的财务分析是另一个课题，我建议读者们找机会了解一下基本概念。从纸面上读其实很简单；资产就是若公司现在把瓶瓶罐罐都卖了值多少钱？盈利是公司现在赚多少钱；负债就是欠多少债；将公司这些数字除以公司的发行股票数字就得出每股股票的资产负债数。

那么格雷厄姆是怎么用这些数字来指导股市投资的呢？价值分析的思维架构是"内在价值"（intrinsic value）。根据这个理论，股票的价格应该围绕在公司固有价值上下波动。虽然格雷厄姆并没有严格界定怎么计算"内在价值"，他强调了公司的"固定资产"（tangible assets）是需要重视的部分；其他因素包括盈利、红利、财务健康和公司的盈利能力等。比方说，如果公司的固定资产每股有10块钱，股票现在交易价是5块钱，那么可以认定这个股票的价格被低估，值得买入。"价值分析"有时也被称为"基本面分析"。

格雷厄姆把投资者分成两类，一种是"保守型"（Defensive）投资者，一种是"风险型"（aggressive）投资者。保守型投资者应该将资产投资到大型的、回报有保障且有连续性的公司；风险型投资者顾名思义，可以担更多风险，可以投资到小公司。

我无意在这里重述格雷厄姆的大厚本子。他的书市面很多，请读者自己找本读读。我这里想让读者们知道的就是这么简单的观念改进，引进数字分析进行科学的论证，价值分析成功地量化了风险；它改变了公众对股市的看法；投机变成投资，成功地将股市从少数人炒作的投机市场改变成大众参与的资产信托场所。想想看，让你将资产拿去投机你干吗？拿去投资就变成相当拉风的行为，是参与聪明人的游戏！这个名称的改变大大提高了华尔街的名声和规模！

在实际操作中，完全用价值分析的数字来指导股市操作并不容易。因为这些数字如何计算本身就很有争议！股市并不是物理市场，它更是个心理市场。这本书主要讲实用；我将基本面分析分成大环境和小环境两类向大家介绍，大环境指公司外部的因素，小环境指公司内部的因素。大家容易读也容易懂！另外，还专门对最可能导致股票价格上涨的三个因素加以分析。

大环境

（1）利率：可以这么想，社会的游资数目是一定的，当利率升高时，将钱存入银行的吸引力增加，这将使原先可能进入股市的资金流进银行。同时，利率的升高使公司的借贷成本增加，结果盈利减少。其净结果都是股价承受卖压。利率降低时，效果正好相反。

（2）税收：企业税增加，企业盈利中的税务支出增加，使得实际盈利减少，股价将往下调整。

（3）汇率：当汇率上调，本国货币升值，增加出口困难，营业额降低，其结果对股价的影响主要是负面的。汇率属国际金融的范畴，它对股价影响的机制极其复杂，通常是国际政治经济角力的结果。到底汇率的变动怎样影响股价，谁也说不清，就这一课题有许许多多篇博士论文，更深入的研究就请读者们自己去做。我自己专修国际金融，深知它的复杂性，炒股的读者只要知道汇率也属影响股价的因素就够了。

（4）银根松紧：银根松时，市场游资增多，对股票的影响是正面的。银根紧时正好相反。

（5）经济周期：经济周期是市场经济的必然结果。当某种商品短缺，大家一窝蜂地投资于这种商品的生产，随后的结果便是生产过剩。当商品短缺时，价格高昂，生产厂家利润增加，反映在股市便是股价上升。一旦生产过剩，就只得减价销售，有时甚至亏本套现，这样盈利自然降低，股价的表现便是下跌。

（6）通货膨胀：通货膨胀对股价的影响很难估量，通常政府为了控制通货膨胀，会调高利息，对股价的影响主要是负面的。

（7）政治环境：大规模的政治动乱必然带来大规模的经济混乱。战争、政府的频繁更迭、政局的不稳定对股票的影响是负面的。

（8）政府的产业政策：如果政府鼓励某些行业，给予扶持，如在税收上给予减免，融资上给予方便，企业各方面的要求都给予协助,结果自然对股价有正面影响。

小环境

(1)营业收入:一个具有发展潜力的公司,其营业收入必须有快速发展的势头。去年卖出1亿元的产品,今年2亿元,预计明年4亿元。这样的公司常常提供了股价在短期内翻几倍的机会。

(2)盈利:有些公司做很多生意,就是不赚钱。公司经营的好坏主要以盈利作为衡量的标准,盈利增加,股价自然上涨。

(3)固定资产:固定资产就是公司现有的所有"不动"的资产。如果公司的市场总价是10亿元,固定资产是15亿元,你可以认为股价没有反映公司的价值,股价偏低了。

(4)类似公司的情况:大家都生产类似产品,如电视机,其他公司的绩效和这家公司比怎么样?同类公司通常有类似的经济周期,股价的波动也类似。

(5)品牌的价值:有人估算过,可口可乐这个名字便值500亿美元。你打算投资的这家公司有无过硬的品牌?这可能对股价有深远的影响。

价值分析主要分析公司的小环境,大环境的情况太过复杂,判断大环境主要用"股票的大市"。美国著名的基金管理专家彼德林奇(peter lynch)曾发表看法:"我每年花在经济大势上的分析时间不超出15分钟"。大环境的变化是谈天的好材料,用来炒股的实用性不大。大的政治动乱和经济震荡当然例外。

研究小环境中公司的经营情况是必要的。以我自己的经验,如果只靠走势图来炒股票,不知公司到底是干什么的和干得怎么样,心里虚得很。

研究公司的经营情况必须具备一点会计的常识，能看懂公司的财务报表。但这里面的游戏也很复杂。以销售收入而言，公司是怎样计算销售收入的？有些公司卖货后收到钱才算收入，有些发了货就算收入，更有些把订单都算在内。发了货能否收到钱是个问题，订单也有可能被取消。

固定资产怎样算也有学问。有些老工厂在纸面上还值不少钱，而实际上那些旧机器送人都没人要，你说固定资产是多少？按通常的买价减去折旧来算固定资产，得到的数字可能很漂亮，其实没多大意义。读者们在研读财务报告时，必须留意这些细节。

导致股价上涨的三个因素

虽然引起股价增长的因素很多，但最重要的是盈利及盈利增长。这个理由是明显的，不赚钱的公司要来做什么？下面让我们看看三个最重要的影响股价的因素。

1. 盈利的增长

成本收益比率是很重要的概念，即"股价÷收益"所得到的数额。

但我发觉新手们常常过于注重成本收益比率，他们把它当成股价是否便宜的衡量标准。这种概念从根本上来说是对的，但在炒股上实用性不大。美国的微软公司上市初期，成本收益比率超过100，就是今天，它也超过50。13年前你买了1万美元微软的股票，今天就是百万富翁。

一个健康、发展迅速的公司，其盈利必定逐年增长。这个增长的速度越快越好。一个公司的盈利若能以每年25%的速度增长，那么3年就能将盈利翻1倍。盈利增长的速度必须建立在合理的数字上。去年每股赚了 1 分钱,今年 2 分钱,盈利增长了 100%,但这个数字是没有意义的。如果公司的盈利从每股 5 角升到 1 元,这个 100% 的盈利增长定将使投资大众的眼睛发亮。

盈利增长的前提是销售收入的增长。一个公司的销售收入如果无法增长,盈利增长通常是玩会计游戏的结果,对这一点读者们要留意。

另一必须留意的是销售收入增长速度和盈利增长速度的关系。公司的营业额由 1 亿元升到 2 亿元,100% 的增长率。但盈利只从 5 角升到 6 角,20% 的增长。这时要好好调查一下为什么。是不是同类产品多了竞争者,公司只好削价求售?虽然营业额不错,但收益率却降低了!如果是这样的话,这只股票的升幅也就有限了。

最使市场注目的是盈利的加速增长。一个每年盈利增长 25% 的公司突然将增长速度提高到 40%,甚至 50%,这通常铺好了股价成倍上翻的道路。

2. 新产品

如果有家公司发明了根治癌症的新药,你可以想象这家公司的前景。新产品提供了公司快速增长盈利的可能。这类例子很多,如:美国的新态公司在 1963 年发明了口服避孕药,结果其股价在 6 个月内翻了 5 倍。王安电脑因为其新型的文字处理机,在 1978 年至 1980 年间,公司股价升了 13 倍。快餐店的概念成形初期,麦当劳公司的股价在 1967 年至 1971 年的 4 年间翻了 11 倍。新产品并不局限于"实物",可以是新的生意概念,新的推销手法,新的管理方式。

3. 公司回购自身股票

如果公司购回自身股票,这是好消息。公司购回自身股票是对本公司投信任票。通常来讲，公司只有在认为股票的股价水平不反映公司价值时才会这么做。同时，回购股票使流通的股票量减少，在相同的盈利总数下，每股的盈利数字就增加了。这就起到了降低成本收益比率的作用。另外值得留意的是公司股票总流通量的数目，数目越大，股票上升的步伐就越难迈开，因为需要大的买压才能推动价格上升。

第二节　技术分析的基本知识

简单地说，技术分析就是看图。

技术分析探讨股票价格、交易量和时间的相互关系，以此判定股票下一步运动的可能方向。技术分析的目的是确定股票的走势以及走势的转变。炒手们根据技术分析提供的信号，买进卖出以赚取差价。

由于人性相近，在相同的外部条件下，人们通常有相近的反应。这一切都会在图中表现出来。炒手们可以通过研究过去股价运动的规律来推测未来的走向。技术分析的心理基础是建立在人性相近这一假设之上的。这个假设成立，但并不完美。人是极其复杂的，股价变动虽然反映了投资大众集体思想和行动的结果，但它不可能完全地重复。所以说炒股是门艺术，不是科学。但只要这种集体行动的结果有类似的特点，抓住这个特点，炒手们就有可能拥有在股市上超过50%的获胜概率。

还有，技术分析其实在分析"钱"的走向。股票的运动图像可以说是钱推出来的。英文有句话叫："钱不撒谎！"股市充满各种各样的利益集团，有持股的，有卖空的；某公司还可能正在私下交易！一般股民根本没有能力判断这些不同利益集团散布的消息是真是假；证券行的股票分析报告也属于这类消息的一部分。大家读新闻或听名嘴推荐之时别全信，要留个心眼。但钱不撒谎！股票升一定是买股的多过卖股的，反过来股票一定跌。不管别人嘴上说什么，我们看钱怎么走！名嘴们可以在股价处于高位时忽悠大家买股自己卖，这会在技术图形上显现出来。

常用图形介绍

技术分析在华尔街已发展成一个体系，有关技术分析的书常有五六百页之厚。就我个人这么多年的炒股经验，觉得这些书的内容多在钻牛角尖，为了分析而分析。我在这里将我在实际操作中证明最为有用的概念写出来给大家分享。这些图和分析都很简单，但我每天都在用，它是我用来判断股票运动是否正常的指标。

1. 股票的走势及走势线

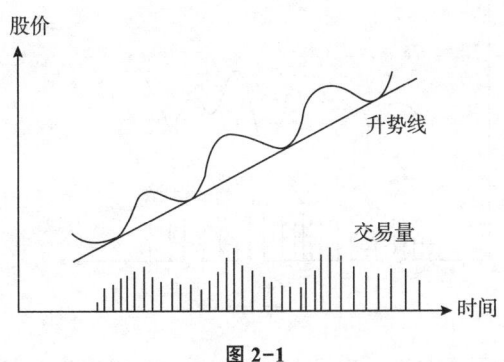

图 2-1

图 2-1 是典型的升势图，将波浪的低点相连，即成升势线。在升势图中，请注意交易量的变化。在上升阶段，交易量增加，下调阶段，交易量减少。每个波动的最高点较上个波动为高，最

低点也较上一最低点为高。

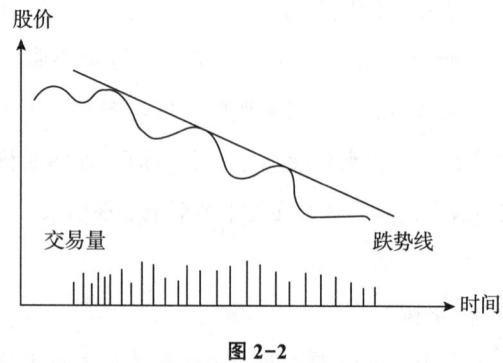

图 2-2

图 2-2 是典型的跌势图。将波浪的高点相连，便成跌势线。在跌势时，交易量没有特别之处，但跌波的每个波峰较上一波峰为低，波谷也较上一波谷为低。

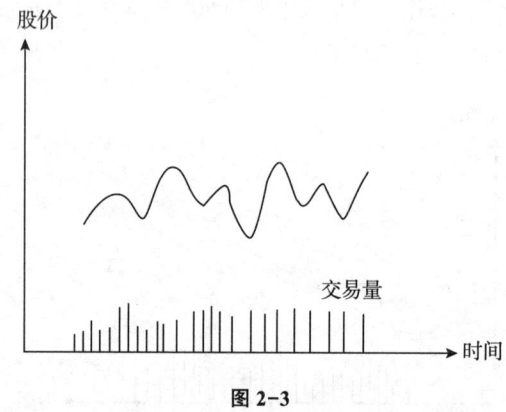

图 2-3

图 2-3 是无势图，你根本就不知道这只股票的大方向是什么。交易量也没有特色。一只无势的股票通常不适合炒作。

心理分析：有人问一位投资专家："**股价为什么会升？**"他想了会儿说："**因为买者多过卖者。**"现在大家明白了，股价升的原因不是低的成本收益比率，也不是高的红利或是其他堂皇的理由，而只是因为买者多过卖者。虽然成本收益比率或红利都会影响投资者买卖的决定，但它只代表了过去。影响投资者决定的最重要因素是对未来的预期。一只成本收益比率很高的股票，表示这家公司过去没赚什么钱，但不表示它未来也不赚钱。

以升势为例，升势开始时一定是买主多过卖主，因为在无势时，买卖的力量基本均衡。一下子多出了买主，在交易量上的表现就是交易增多。随着股价的升高，第一波买主入了场，这时有人在纸面上开始有收益，他们开始获利卖股，我们在图上就看到回调。这时的卖主总的来说并不多，我们会看到交易量减少。否则这便是不正常的升势。如果股票确有吸引力，如开发成功什么新产品，第二波买主会进场，重复第一波的过程。在图形上，我们看到一浪高过一浪，股价总是以波浪形上升。

股价的运动有点像推石球上山，要往上推，你要很大的力，但石球往下滚，用不着很多力气。在股价跌势时，买主消失，不大的卖压就会使股价往下跌。虽然其间有人拾便宜货，这种下跌时的反弹是靠不住的。在图形上是一波低过一波，但交易量并不具备什么特色。

无势图表示市场对这只股票没有什么看法，它在某一区间漫无目标地游动。买方和卖方的力量基本平衡。

朋友，你认为什么因素使投资者入市买股票？华尔街有过调查，使一般投资者入场买股票的原因，最主要的就是因为股价在升！你明白吗？一般投资者入场买股票，主要不是因为股票的成本收益比率低或红利高，而是因为股价在升！在升！除了股价在升的理由之外，其他因素都是次要的。这就是为什么股价一开始升势,它往上一波高过一波,不会马上停止。要想学习养成对股价运动的感觉,你必须牢牢记住这一点。

你能猜到为何一般投资人卖股票吗?读完上一段落,结论应该很明显。华尔街的调查证实了你的猜测:**投资人卖股票的最主要原因是因为股价在跌!在跌!**而不是因为成本收益比率高和其他原因,这就是为何跌势一开始,不会马上停止。现在你能体会到为什么股价升时常常升得离谱,跌时跌到惨不忍睹的原因了吧?记住股民买卖股票的真正原因,耐心地观察市场,你很快就会发现股价运动是有迹可循的。

2. 支撑线和阻力线

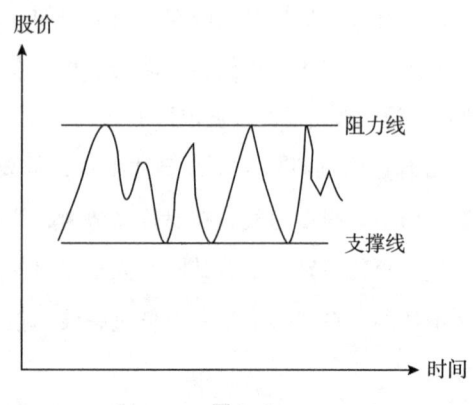

图 2-4

图 2-4 标注了阻力线和支撑线。

当股价在一定的区间波动,把最高点相连便成阻力线,把最低点相连便成支撑线。

从纸面上解释便是股价升到阻力线时会碰到很大的阻力,不容易继续升上去,即出现很多卖主。而股价跌到支撑线时会发现很多买主,股价不容易跌下去。

心理分析：走进交易大厅，你有没有常常听到"这只股票跌到10元我就买进"，"这只股票升到15元我就卖出"之类的话？答案是肯定的，因为这也是我常听到的。为什么一般的股民会认为某只股票跌到10元就值得吃进，而升到15元就该脱手呢？

这也源自我们日常生活的经验。精明的主妇通常知道某种衣服的最低价是多少。如果衣服以这个价格出售，大家便纷纷抢购。而衣服价格升到某个价位，就没有人问津了。这可以分别称为衣服的阻力价和支撑价。

在股市上，如果参与交易的多数投资者认为10元是某股票的最低价，一旦股价跌到这个价位，便会有很多人买入，股价自然就跌不下去。在图上我们就看到支撑线。

阻力线的道理相同。

如果一个款式的衣服的价格在10～15元之间波动，想象一下服装商是怎么做生意的。

当衣服的价格在10元的时候，买主认为衣服的价钱便宜，入场购货。但卖主会觉得价钱偏低，再低就不卖了。在15元时，买主觉得价钱高，不愿买，虽然卖主想卖更高的价钱，但没有买主他无计可施。所以在10元时，因买主多过卖主，价格开始上升，但在15元时，卖主多过买主，价格只有下降。

或迟或早，有人会对这个价格区间持有不同看法，认为衣服的价钱太高或太低。无论这是一位大户还是一批小服装商，他们的行动将使买卖的力量失去均衡。如果他们的力量够大的话，将引起一连串的反应。无论是正在买卖的服装商还是在外观望的投机商，他们的行动将会改变10～15元的交易区间。

如果新的均势有利于买主，这将吸引新的买主入场，带来新的买压，而卖主期待更高的价钱，他们的惜售将会使卖压进一步减轻。结果是使衣服的价钱高出 15 元。随着价钱的进一步升高，卖出的诱惑力越来越大，衣服的价钱会在新的均衡区间摇摆。

这个过程便是阻力价或支撑价的突破。在股票上，我们便有阻力线和支撑线的突破。

需要指出的是，阻力线一旦被突破便成了新的支撑线，同样，支撑线一旦被突破便成了新的阻力线。

让我们以支撑线为例：在支撑线附近，足够的买方出现，卖方消失，股价无法跌破该线。几个来回之后，市场形成这便是"最低价"的概念。突然间，更大的卖压出现，股价跌破支撑线，这时认为支撑线就代表"最低价"的买主全部亏钱。其中一部分可能止损抛售，另一部分坚持原来的想法，认为股价很快就会反弹。无论如何，原来市场对该股的"底价"概念已被粉碎，市场"背叛"了他们。

现在假设股价又升回原来的支撑线，你认为原先的投资人会有什么反应？

那些还未"止损"的人会感谢上帝给他们一个全身而退的机会，股价跌破支撑线的那段亏钱的时光令他们寝食难安，现在终于有了不亏甚至小赚的机会，他们会赶快卖掉股票以结束噩梦。

再看看那些止损出场者，他们原以"底价"入场，结果被烫伤。今天股价又回到这个价位，但烫伤的记忆犹新，他们大多不敢在这个价位重新入场。我们看到卖压增加，买方力量却有所减少。所以支撑线一旦跌破便成了新的阻力线。

阻力线一旦被突破便成支撑线的道理相近，读者们可以自己思考一下其中的缘由机理。

3. 双肩图和头肩图

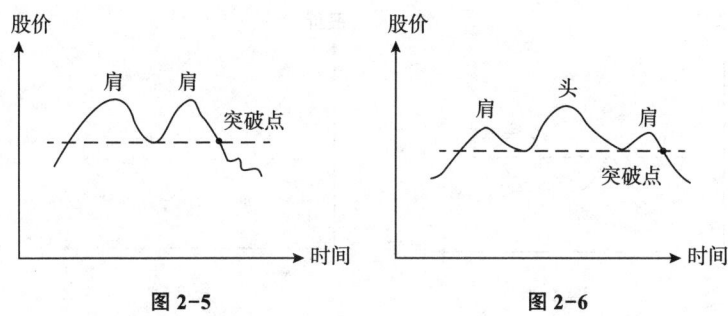

图 2-5

图 2-6

图 2-5 是典型的双肩图,图 2-6 是典型的头肩图。这都是炒股中常见的图形。

心理分析:以双肩图为例。它的典型特点就是两个高点。要提醒读者,这两个高点的选择是和时间的跨度相关的,很明显,一天的高点和一年的高点是完全不一样的。但它们的解释相同。

随着价钱的升高,买主们开始怀疑价钱是否能超过原来的最高点,卖主也在观察这个最高点是否还像上次一样会带来卖压,使价格的升势受到挫折。简单地说,市场参与者在观察这次会不会有和上次同样的经历。上次价格升到这点引发买卖力的逆转,这次会发生同样的事情吗?

结果只有两个:穿越上次的最高点和不能穿越上次的最高点。在双肩图中,因为无法穿越上次的最高点,市场对价格的看法产生变化,股民对在这点附近持股感到不自在。在股市中,你会看到股价逐步滑落。但假如买力不减,继续穿过上次的最高点,我们就回到升势图去了。

头肩图的道理和双肩图类似。请读者们自己想象一下在其过程中股民的心态变动过程是怎么样的。头肩图可以当成双肩图的变形。这些图还可以倒过来看（如图 2-7、2-8）。

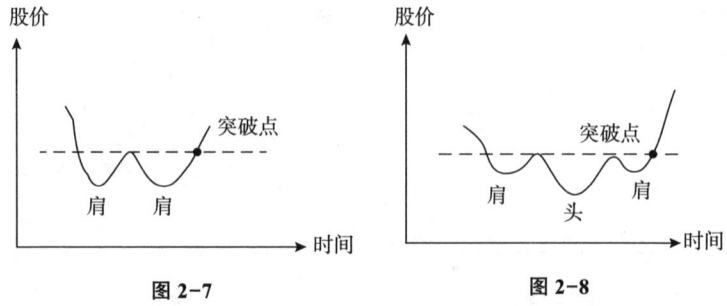

图 2-7　　　　　　　　图 2-8

如果说正双肩图给你提供了卖的信息，那么倒双肩图便给你提供了买的信息。在这些图的后面其实是股民们对该股票价格认定的心理变化。你要用心来感受：如果你是股市的一员，你会怎么想，你会怎样做？这样，你慢慢地就会形成何时入市、何时出场的直觉。

4. 平均线

平均线的目的主要是用来判定股价的走势。股价的运动常常具有跳动的形式，平均线把跳动减缓成较为平坦的曲线。

计算平均线的方法有许多种，最常用的是取收盘价作为计算平均值的参考。比如你要计算 10 天的平均值，把过去 10 天的收盘价格加起来除以 10，便得到这 10 天的平均值。每过一天，分子式加上新一天的股票收盘价，再减去前第 11 天的收盘价，分母不变，便得到最新的平均值，把平均值连起来便成为平均线（图 2-9）。

平均线的形状取决于所选择的天数。天数越多，平均线的转折越平缓。我自己习惯用 200 天平均线来衡量股价的长期走势，50 天平均线来衡量中期走势。我不怎么看 50 天以下的平均线，因为我发现其参考价值不高。股票短期的运动方向我注重股价及交易量。我通常不买股价在 200 天平均线下的股票，做短线时例外。

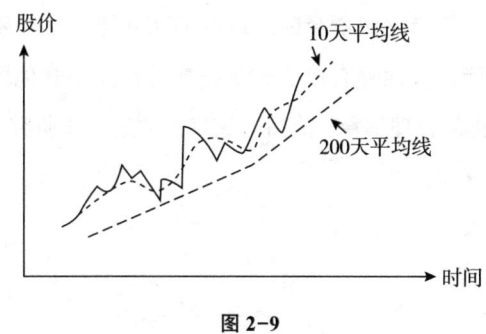

图 2-9

5. 其他图形

我自己日常留意的技术分析图形就是上述四种。但这节的题目是技术分析的基本知识，我不得不提一下其他图形，否则名不副实。

一般的技术分析书都会提到三角、隧道、旗子等的图形。遗憾的是，我的实践经验证明它们没有什么实用价值。对我没有实用价值并不表示对其他人也同样没用，我严肃地建议炒手自己去找这方面的书学习。我将本书的范围限制在自己亲身证明最有用的知识，并不打算包罗万象，请读者原谅。

有电脑软件的朋友常常会看到 MACD、威廉指标等电脑计算的买卖指标，流行的有二三十种之多。我学股的第二年曾花了很多学费后才明白这些指标都有"见光死"的特点。也不能说这些指标错了，这些指标的发明者通常有辉煌的经历。想象一下：如果每个人都按照这些指标提供的买卖信号炒股，结果将会是什么？我自认站在巨人的肩膀之上，结果从巨人肩膀上跌下来，摔惨了！

我自己常用的前面三个图形也不是我自己发明的。但我在实践中体会到它们背后的心理因素，人性是不容易改变的，所以它们一直有效。希望它们不会因为这本书而同样"见光死"。当然，我相信不可能，人性哪有那么容易改变的？关于其他图形背后的大众心理变化的合理解释，有待行家高手的进一步研究。

6. 综合看图

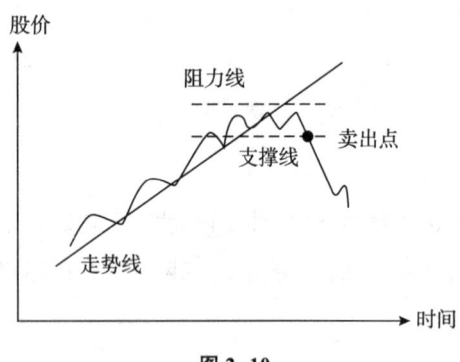

图 2-10

图 2-10：综合走势线及阻力线和支撑线稍下的点是卖出点。支撑线一旦被突破，表示升势结束。

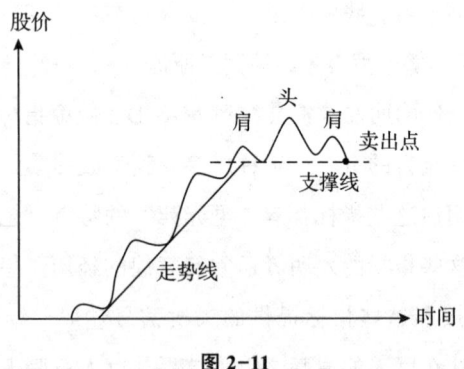

图 2-11

图 2-11 和图 2-10 类似，但有别于阻力线，我们这里看到头肩图。道理和图 2-10 类似。

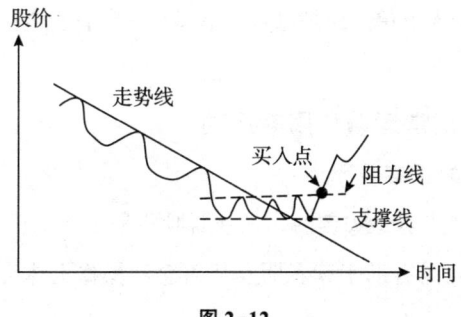

图 2-12

图 2-12：把图 2-10 倒过来，我们就有了最常见的买入理想点。记住如果这是升势开始的话，交易量通常增大。

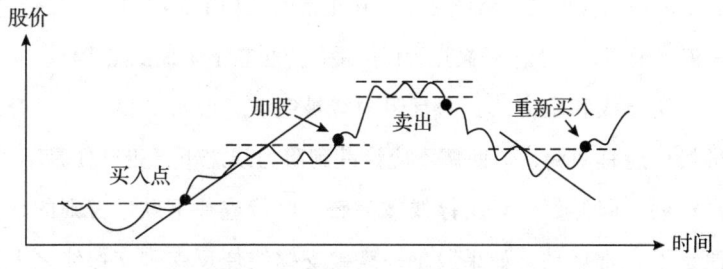

图 2-13

图 2-13：这是我们在炒股中常见的股价运动图。我标出了各个不同的买入及卖出好点。请读者用心体会一下为什么。具体怎样操作，我将在"何时买股票"一节详细解释。这些买卖点还可以改进。

现实社会往往和理想社会有差异。股市也一样！我们以上讲了这么多图像和其后的心理脉络，一切都很明白，那是传统的股票技术分析。随着时代的进步，有报道说今天在美国股市的交易量有70%是电脑交易，电脑可没有什么感情！那么这些图像后面的心理过程还成立吗？答案可不容易做。毫无疑问的是，不管是人交易还是电脑交易，交易必须用钱完成；股价升了，一定是买盘胜过卖盘！无论是个人下单买还是电脑下单买，一定有资金在入场。

股票的正常运动和周期运动

1. 股票的正常运动

把握股票走势最关键的，是判断股票是否处于正常运动状态。我认为下列几点有助于读者朋友从概念和操作上体会及掌握什么是股票的正常运动。

股票的走势及走势线：在正常的升势中，每个波浪的最高点应较上个波浪的最高点为高，最低点也应较上个最低点为高。整个股价的运动应该在走势线之上。在正常的跌势中，波浪应一浪低过一浪，最高点较上个最高点为低，最低点也较上个最低点为低。

支撑线和阻力线：一旦阻力线被突破，股价应该继续上升，虽然可能有回调，但回调不应该跌到阻力线之下，否则便是不正常运动。同样，一旦支撑线被突破，股价应往下跌，否则的话，便是不正常运动。如果股价一跌破支撑线便反弹到支撑线之上，可能是买股的好时机。

双肩图和头肩图：和上述道理相同，一旦股价穿越突破点，它应能够继续，否则的话便可认为是不正常运动。

平均线：以200天平均线为例，一个正常的升势，股价应在200天平均线之上；一个正常的跌势，股价应在平均线之下波动。否则，都可以认为是不正常运动。

2. 股票的周期性运动

在华尔街200年的历史中，发展出很多理论来描述股票的波动现象。如道氏理论、伊列波形理论等。这些理论有假设、有论证，读起来又长又乏味，但它们历久不衰，自有其参考价值。就我个人的体会，这些理论很难在实践中应用。除非你是只看大势、手握巨资的基金管理人。

随着自己对股市认识的增加，终于明白这些"玄乎"的理论无非在讲经济周期。任何学过点儿经济学的人都明白经济周期是什么。以下我简单地解释经济周期怎样在股价上反映出来。这些知识能加深你对股市的认识。图2-14：

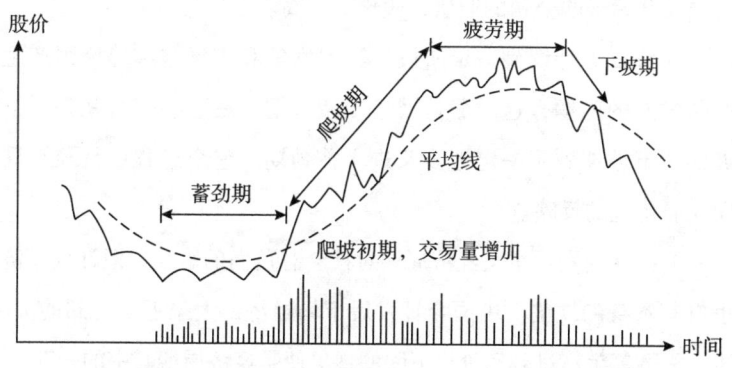

图2-14

可以将股票运动大约分成四个时期，分别为蓄劲期、爬坡期、疲劳期和下坡期。

蓄劲期：买卖双方的力量基本平衡。

爬坡期：买压胜过卖压。

疲劳期：买压和卖压又基本持平。

下坡期：卖压强过买压。

在任何时期，股票的波动都是波浪形的。每个大波动内包含有很多反向的小波动。平均线将中和这些小波动且指明大趋势。必须强调，股市操纵可能改变每天的或短期的波动，但不可能改变大势。道氏理论特别指出这一点。

股票运动的四个时期其实吻合了经济周期的规律。在上个经济周期的末期，因为生产过剩，产品价格跌落，存货增加，公司的盈利减少，股价下跌。

蓄劲期便是恢复期，在这段时间，公司将不畅销的产品淘汰，减少存货，为经济复苏做准备。

经济复苏期在股价上的表现便是爬坡期。随着盈利的增加，公众又开始争购公司的股票，股价节节高。

经济复苏持续到一定阶段，又因竞争和市场饱和等原因产生产品过剩的问题，这时股价就进入疲劳期。疲劳期接着就到了下坡期。下坡期到了一定地步又进入蓄劲期。整个过程就是经济周期在股价上的反映。

有人认为资本主义经济周期对社会有负面的影响，但计划经济也有其本身的缺陷。中国今日发展市场经济，大家近来看到的肉、蛋、柑橘等生产过剩和价格下跌的现象便是经济周期其中的一环。

在蓄劲后期，爬坡初期，如果是开始一个真正的爬坡期，应有交易量增加的现象，股价一举突破阻力线。一旦进入爬坡期，股票开始升势，股票波动应具有"一波高过一波"的现象。虽然这并不绝对，但整个波动应该在200天平均线之上。在这段时间，投资者们必须安坐如山，不要为股价的短线升跌吓出场，但要打起十二分精神注意危险信号。

经过疲劳期，股价跌穿平均线及支撑线，便是离场的时候了。

有些小公司有特别的产品，它不受一般经济周期的影响，但其股价波动也具有相似的特点。一旦市场接受其产品，销售及盈利的潜力会反映在投资者的行动上。他们开始标高股价，我们将看到交易量上升。这些投资者很多并不是短线炒作者，他们买好股票就放在一边，使得公司在市面自由交易的股数减少。此时股票用不着很大的交易量就能攀升。这类小公司的股票在上升时其速度常常很快，短时间内可能会升数倍。自由市场的机制是自由竞争，很快你就会在市场上发现类似或可替代的产品。在今天的市场环境下，一个热门产品永葆热门几乎是不可能的。竞争的结果就是销售及盈利增长的减缓，又重复从畅销到滞销的循环。

这些小公司的股票同样经历四个阶段，只是这四个阶段的起伏较大公司来得剧烈。

第三节 股票分析之我见

对一般股民而言，唯一关心的是股价什么时候会升，什么时候会跌。而我们知道股价会升的唯一原因是买者多过卖者，股价会跌的唯一原因是卖者多过买者。股票分析能够定量出股价什么时候升跌吗？答案当然是否定的！

想象一下什么会让股民买股？政治的、经济的、心理的、环境的等都是可能的因素，这些都无法定量。金融分析者发明出"本益比"之类的指标试图将股价的评估量化，但本益比同样不能指明股价明天会升还是会跌。**那么这些分析理论的目的何在？答案是这些分析提高了预测股价远动方向的准确度。也就是说可以提高股民入市的胜率。**

我怎么看价值分析

价值分析是现代金融学的基础。到大学读个金融学位，专业课基本都是价值分析的内容；因为价值分析可以定量进行，它可以当成科学来研究。

在我看来，因为价值分析可以定量；它奠定了股价的"参考点"！股市参与者可以用价值分析得到的数字来判断股价是否"太离谱"。离开"参考点"低多了常是买入的好点，离开"参考点"高多了则是可以考虑的卖点。如果通过价值分析得到的"参考点"得到大众接受，那么大众就会围绕这个点情绪性地低买高卖；作为股市的参与者，你的任务就是分析这个"参考点"，同时感应大众的情绪。

我怎样看技术分析

由于我自己以炒股为生，技术分析是我买进卖出的主要参考。简单地说，我主要靠这几个图吃饭。但对没有多少经验的炒手来讲，你也想靠这几个图吃饭可能没有那么容易。

记得我在大学读书的时候，曾看到数学家华罗庚谈读书有从薄到厚，又由厚到薄的过程。即开始时你什么都不懂，书自然很薄，随着学习，你发现该学的越来越多，书就变得很厚。最后你读通了，明白要点就是这么多，书就又变得很薄。这个过程可以推广到学习任何技能，炒股也不例外。

今天的电脑科技已发展到在国际象棋上击败世界冠军的地步。因为国际象棋的变化有限，一旦把几乎所有的变化输入电脑，它的计算速度是人所不能及的。在机器面前，人就只有投降了。1996年，美国 IBM 的电脑深蓝击败俄国的国际象棋世界冠军卡斯帕罗夫（Garry Kasparov）曾经成为全球的头条新闻。以电脑的计算能力，区区几个股价走势图根本算不了什么，但电脑迄今还只能是炒股的辅助工具！想想其中的缘由，你就会明白炒股没有那么简单。

《华尔街日报》（*Wall Street Journal*）登过一则这样的故事：一位记者靠抛硬币在十字坐标上画线，硬币出正面就升一格，反面就降一格，抛了几十次硬币后就画出一条曲线。他把这条曲线交给一位著名的技术分析专家研究，说是一只股票的价格走势图，请教他的意见。该技术分析家看图后说该股票极具上升潜力，一定要知道这只股票的名称。记者如实相告，该技术分析家听后勃然大怒，拂袖而去。这位记者便据此写了一篇报道。你读了这则故事有什么感觉？就我看，这位技术分析家犯了一个严重的错误，他没有问交易量到哪里去了。

这章讲的几个图，看来极其简单，但我敢讲这是由"薄"到"厚"，又由"厚"到"薄"过程的后面一个"薄"。

你想跳过中间的"厚"而由"薄"直接到"薄"是办不到的。一位过来人告诉你后面的"薄"是什么或许能缩短你"厚"的过程，但你一定必须经过"厚"的阶段。

不要把技术分析孤立起来看。研究股票的大市，研究公司的经营情况，研究公司的产品，再看股价的走势图，特别还要注重交易量的变化，只有在这个基础上，技术分析才有意义。最重要的是记住止损。

这些图是死的，在实际操作中，你会碰到很多例外，只有通过实践你才知道怎么处理这些例外。这些图之所以重要，因为它提供了最好的临界点，在第四章，我会详细介绍。

我怎样看股票的大市

炒股高手利物莫（Jesse Livermore）是这样强调股票大市的重

要性的:"炒股的诀窍便是在牛市中全力投入,在牛市结束或接近结束的时候卖掉你的所有股票。"

股市就似羊群,单独股票就像羊群中的羊。当羊群朝某个方向前进的时候,大多数的羊跟随着同一方向。股票也一样,在牛市的时候,大多数的股票升,熊市的时候,大多数的股票跌。

就如做其他生意,顺势是成功的基本保证。做服装生意的要卖流行款式,不要进冷门的式样。炒股票的道理也一样。不管你选了多好的股票,在大市向下的时候,它跌的机会大过升的机会。那么怎样确定股票的大市呢?

要确定大市的走向,最重要的是每天要追踪股票指数的运动。如美国的道琼斯指数,日本的日经指数,香港的恒生指数,上海、深圳的综合指数,等等。

就我自己的经验,用技术分析的方法来判定大市的走向及走向的变动是最为有效的工具。研究股票指数图,把它看成一只股票,看看这只股票是处于什么运动阶段,它的运动正常吗?

留意每天的交易总量。如果股市交易总量很大,但指数不升,或开盘走高,收盘低收,这就给你危险信号了。留意一下周围发生了什么事:中央银行是否要调整利率?周边国家是否有动乱?大市的转变通常有一个过程,它较单独股票的转向来得慢。大市的转变可能需要几天,也可能是几星期,重要的是感到危险的时候,你必须采取行动。

同样,你要留意股市跌到底时所提供的信号。当股市跌了很多,跌到大家都失去信心的时候,你会发现有一天股市狂升,可能升1%或2%,交易量很大,这往往是跌到底的信号,大户开始入场了。但这还不是进场的最佳时机,被下跌套牢的股民可能乘这个反弹卖股离场。如果在此之后，股票指数突破上一个波浪的最高点，你可以证实跌势基本结束，是进场的时机了。从图上看这时应有升势时具备的特点。

股市的运动不断重复，你要仔细研究过去的规律。拿份长期的综合指数走势图，研究过去发生的一切，随着时间的推移，你就能培养起对股票大市的感觉。

判断大市走向是极其重要的。我发觉新手（我自己以前也是一样）用很多心思研究单独股票的基本层面和技术层面，认为再好的市场也有股票跌，再坏的市场也有股票升，所以忽视大市的走向。我要在这里强调：**炒股是概率的游戏，逆大潮流而动，你的获胜概率就被大打折扣了。**

将大市和单独股票结合起来考虑，是专业炒手们必须培养的心态。虽然这有一个学习过程，但一定要在心理上不断提醒自己：大市不好时，别买任何股票。

请记住：当街头巷尾的民众都在谈论股市如何容易赚钱的时候，大市往往已经到顶或接近到顶。人人都已将资金投入股市，股市继续升高的推动力就枯竭了。而大众恐惧的时候，则该卖的都已经卖了，股票的跌势也就差不多到头了。

判断股市大市还应注意下列几点：

（1）大的政治环境和经济环境有什么变动？今天的企业越来越具全球性，其他国家发生的政治经济危机将会影响本国的市场。东南亚发生的经济危机便是最好的例子。

（2）本国的经济大势怎么样？通货膨胀的情形如何？外汇兑换率有无变动的可能？中央银行会调整利率吗？

（3）所谓的股市龙头有什么表现？在股市到顶之前，你会发现股市的龙头股在大市到顶之前的一段时间开始疲软。

（4）垃圾股有什么表现？在股市到顶的前一段时间，一些平时没有人过问的小股票开始变得活跃且向上升。龙头股的价格已贵到买不下手的地步，社会游资便开始涌向三四线股票。

（5）每天收盘的时候，有多少只升的股票？有多少只跌的股票？综合指数有时会被几只大股票糊弄。一只在综合指数占有大份额的股票偶尔会影响真正的方向。比如某天有1/4的股票跌，3/4的股票升，但1/4的跌股中可能有一只在综合指数占大份额的股票，如香港的汇丰银行，使得综合指数下跌。在这种情况下，综合指数不完全反映大市的真实走向。

（6）考虑类别股。如金融股、电子股、房地产股等。

虽然大市的综合指数走升势，其中某些类别可能在走跌势。研究大市走向时，应将类别综合考虑。

特别是有时大市的走势并不明显，但金融股可能处在升势，电子股却走跌势。炒手们应根据类别股的运动形态来决定具体某只股票的买卖。

需要指出，以上分析都是预测的工具，您试图预测股票下一步应该怎么运动。您用价值分析的方法分析出股票很便宜了，下一步就应该往上升；您依此买股。您用技术分析得出股票在跌势，下一步应该往下走；以此得出该卖的结论。在实际操作中，买卖只是操作系统的一个部分，其他包括意外发生之后怎么回应等。股市的信条之一是"顺势而行"！并没有要求大家"测势而行"！顺势和测势在思考方法上有本质的区别。您的分析结果是该买股了；但买多少？怎么分仓？怎么止损？自己总体资产的数额和配置的安排如何等都必须包括在操作体系之内。

第四节 什么是合理的价位

我们知道：在某个价位，有人愿买，有人愿卖，一旦成交，股价就确定了。有些人认为股价合理，也有人认为荒谬；但合理或荒谬的根据是什么？有这样的根据存在吗？股票的价格和价值到底有什么样的联系？

这是个很难回答的问题，这个问题的答案也随时间的变化而变化。

首先让我们看看现代金融理论中最流行的"现金值法"是怎么判断合理股价的。

什么是现金值？如假设通货膨胀10%，则今年的1元是1元；明年的1元便仅能买今天的0.9元的东西，所以明年1元的现金值是0.9元；同理。后年的1元能买今天0.81元（0.9×0.9）的东西，它的现金值便是0.81元。依此类推，10年后的1元的现金值要10个0.9相乘，约等于0.387元；即10年后的1元只能买今天不到4毛钱的东西。

假设某股票每年可赚1元，年年如此，且通货膨胀也是每年10%不变，则这只股票每年赚钱的现金值总和便是一个简单的等比级数的总和：

1 + 0.9 + 0.81 + 0.729 + ... =10

这个10元就是该股票的现金值。

当今华尔街通常将股票的现金值当成股票的合理价值。即这只股票值10元。若股价在10元以下交易，分析师会说股价低估了；否则便是高估了。

大家有没有留意：要得到股票的现金值需两个假设。一个是通货膨胀；另一个是未来盈利。大家如有机会看到华尔街那些证券分析师的分析报告，通常都会看到这两个假设，且按这两个假设得到的现金值来判断股票的合理价位。由于假设人人会做，巧妙各有不同，所以不同的分析师对同一股票常产生完全不同的结论，有人说股价高了，有人说低了，各有理由。

请大家注意：由于没有人知道未来，所以任何用现金值法得到的结论都是"猜"的结果。或许用"猜"难听些，用"合理的推测"会让这些分析师感觉好一点。但也就是因为这个缺陷，因为没有人知道未来！所以分析师对股价的评估都只能当作参考；天晓得他的假设对还是不对！你怎么知道后年的通货膨胀是什么数字？

我们在第一章讲了个母猪变凤凰的故事；给大家的印象似乎股价和价值完全没有关系！例子成立，但在实际中会有变化。在实际中人总是试图合理地评价股价，且以之作为行动的参考，太离谱的东西不会长久存在。德国有位炒家科斯托兰尼（Andre Kostolany）为股价和股值打过一个极好的比方：**想象你外出遛狗，狗有时跑在前面，有时跑在后面；你拴狗的绳子也有时长，有时短，但无论如何，狗最终会跑回你身边。你就是价值，狗就是价格。**体会一下这个例子，你会明白很多东西。太离谱的股价会出现，但通常不会维持很久。

有人愿买，有人愿卖，价格就确定了，这很容易明白和接受。更多人会问：价值是什么？它又是怎么定的？凭什么定？标准是什么？1斤猪肉5块钱，1栋房子50万元，它们有使用价值，所以金钱价值也容易接受。那么股票呢？股票没有使用价值，它代表了企业的股份,而股份的价值判断也随时间的变化而变化。企业所代表的财富在不同的时代有不同的内容。

我看过一篇文章,讲欧洲远古人的食物主要是肉食(我没有亚洲人的资料)。通过对他们粪便的分析,他们食物中肉的成分超过70%。随着时间的推移,他们膳食中谷物的含量不断增加,肉食不断减少;直到近代才相对稳定。文章将人类发展分成狩猎社会、农业社会、工业社会和信息社会。让我们看看这些不同社会的价值观念是怎么变化的。

在狩猎社会,土地是没有价值的;它无法提供温饱,无助于生命的延续。财富的表征是人的狩猎能力:你的力量,奔跑的速度,张弓的精确度,等等。这个时代对现代人观念的最大影响大约就是女孩还喜欢自己的配偶个高力大。

进入农业社会,对价值和财富的判定产生了很大的变化。财富的概念从狩猎的能力转移到拥有土地的数量和耕地的技巧。你的勇敢、奔跑的速度不再那么重要,重要的是你所拥有的土地及这些土地能给你怎么样的收成。你自己不能耕种的话,你可以请人帮助。无论这些土地是用来种粮食还是放牧,你的财富和拥有土地的数量都有关。

请注意:**从狩猎社会到农业社会,人们衡量财富和价值的标尺已完全不同。它已从人的高大健壮转移到土地拥有。**

进入工业社会,这个价值的判断又有了新的标尺。它从土地拥有转移到制造能力和运输能力。特别是19世纪出现的内燃机和电动马达,它使得大规模的机械化生产成为可能。在很少的土地上,人们建造工厂,生产出惊人数量的产品;这些产品经蒸汽机推动的轮船运往世界各地,创造出数额惊人的财富,这个过程不受季节的影响，也和天气无关。

　　机械化生产使得价值的判断变复杂了。习惯了农业社会思维方式的生意人（或金融分析师）可能有这样的语言："你看看，那家公司的股票价钱完全疯了！它拥有一间小小的响个不停的工厂；只有那么一点点土地；不生产麦子，也不可能生产麦子。现行公司的合理价钱是它所拥有的土地可能年生产小麦的5倍，而那家叫什么工厂的公司价格居然卖到它所拥有土地可能年产小麦的5000倍。人们完全疯了，这样的公司的股票居然有人买！"

　　生活在200年后的我们或许会将上面一段话当成笑话。当看看我们周围，请问谁知道怎么合理地评估互联网公司？互联网公司的评估标准是什么？什么样的股价是合理的股价？大多数互联网公司既不拥有土地，也没有工厂，只有几位目光呆滞的年轻人在办公室敲着键盘。这些公司很多现在不赚钱，在可预见的未来也看不到赚钱的希望。

　　我们生活在从工业社会转型到信息社会的关口。互联网公司属于信息社会的产业。现今流行的企业评估标尺如本利比、现金值、固定资产值等是用来评估工业社会企业的，它取代了农业社会丈量土地的方法；但用它来评估信息社会的企业可能并不十分合适。近年网络股的大起大落在一定程度上便是社会不知怎么合理评估这些新型企业的价值在金融市场的反映。

　　信息社会的企业应怎么合理评估还有待新理论的出现。也许读者中会有一位成为新理论的开创人。但在新的、能为大众接受的新评估标尺出现之前，可以预见这些企业的股价还会大起大落。我们应该庆幸这些新困惑的出现，它说明人类文明又前进了一大步。

第三章 成功的要素

通过你自己的观察和研究，不断积累经验，将自己每次入场获胜的概率从50%提高到60%，甚至70%；而且每次进场不要下注太大，应只是本金的小部分。这样长期下来，你就能久赌必赢。

任何对炒股有一定认识的人，都明白炒股所需的具体知识少得可怜。影响股价升落的因素就是这么多，真正重要的因素列出来占不满你的手指，甚至不识字的也可以在股市露一手。股票的引诱力也人所共知，如果做得好，前景大大的光明。这样的行业，成功率甚至低过减肥！为什么？因为人们常常做不到自己知道该做的事情！

在进入具体的买卖技巧的探讨之前，我希望读者们能明白在炒股这行成功必须有什么样的思考方式。炒股的目的是从股市赚钱，但想赚钱并不表示你就能赚到钱。你必须在正确的时间做正确的事情，赚钱只是结果。因为你在正确的时间做正确的事情，所以你得到了回报。

你首先必须以保本为第一要务，在保本的基础上再考虑怎样赚钱。保本不是说保就能保得住的，除非你不涉足股市。只要你把资金投入股市，你就有亏本的可能。股票何时运动正常的概念非常重要，我在这里特地加以说明，你对股票何时运动正常完全没有概念的话，你的炒股无非是瞎猫碰死老鼠。学股之路是艰难且漫长的，要想从股票学校毕业，学股人必须有一定的素质。只有具备这些素质，你才可能熬过黑暗的时光，否则，成功只是幻想。你如果还不具备成功的投资者所具有的共性，希望你从今天开始培养。除了毅力之外，没有别的要求。

第一节　把握投机原理

任何有亏损的行为都可称为投机行为。在投机游戏中，你希望最好的结果，但同时为可能的失败做准备。炒股的行为便是典型的例子。

投机本身是门学问。几何学有几何原理，投机学也有它固定的投机原理。作为投机游戏的参与者，你必须遵循投机原理。以这些原理做指导，锻炼游戏的技巧，随着时间的推移，你对原理的理解越来越深，玩游戏的技巧越来越熟练，你便成为专家。

那么投机的原理是什么呢？它的精华可以浓缩成两句话：（1）败而不倒；（2）追求卓越。这两点不是我的发明，是我们祖先几千年流传下来的做生意的智慧！

本钱没了，你就倒了；无论有什么好机会，没有本钱的生意人只能是旁观者。败而不倒这句话的意思是很明白的。追求卓越是追求更高的层次；每位生意人都要有"第一桶金"及以后的发扬光大，否则你不会成为"慈善家"；你要在正确的时候狠狠地捞一把。最终成为"慈善家"应是每位投机者最终的目的，否则你冒着高血压、胃溃疡的风险炒股干什么？我相信敢打算以炒股为生的都有那么点背景，不炒股的话你会有其他的方法找到吃的！

"败而不倒"和"追求卓越"八个字简单易记，股友们请放在肚子里慢慢琢磨，保证你每年都有新的体会。

华尔街对投机原理有许多不同的说法。最通行的英文直译是"资本保存"和"恒久利润"。"资本保存"对上"败而不倒"，"恒久利润"对上"追求卓越"。虽然说法有点差别，意思是一样的。为解释的方便，"恒久利润"又常分为"不断盈利"和"挣大钱"两部分。

以下让我们更详细地探讨投机原理和它在股票市场的应用。必须指出，投机原理可以应用到其他所有有胜负的行为上。以足球为例，投机原理要求把球先控制在自己脚下，胜球的首要条件是不失球或少失球等。只有球在自己脚下才可能进攻得分，所以别乱把球丢出去；若不失球或少失球自然就有更大的胜算；反之，一开场就被进了3个球，则比赛怎么进行下去？

保本

炒股是用钱赚钱的行业。一旦你的本金没有了，你就失业了。无论你明天见到多么好的机会，手头没有本金，你只能干着急。几乎所有的行家，他们对炒股的首要建议便是尽量保住你的本金。而做到保本的办法只有两个：第一，快速止损；第二，别一次下注太多。

炒过股票的朋友都有这样的经历：亏小钱时割点肉容易，亏大钱时割肉就十分困难。这是人性的自然反应。在一项投资上亏太多钱的话，对你的自信心会有极大的打击。你如果有一定的炒股经历，必然同时拥有赚钱和亏钱的经验。赚钱时你有什么感觉？通常你会在内心指责自己为什么开始的时候不多买一些，下次碰到"应该会赚大钱"的机会，你自然就会下大注。这是极其危险的。

在炒股这一行,没有什么是百分之百的。如果第一手进货太多,一旦股票下跌,噩梦就开始了。每天下跌,你希望这是最后一天;有时小小的反弹,你就把它看成大起的前兆;很快这只股票可能跌得更低,你的心又往下沉。你将失去理性判断的能力。

人性共通,我算是这些经历的过来人,其痛深切。

具体的做法就是分层下注。你如果预备买 1000 股某只股票,第一手别买 1000 股,先买 200 股试试,看看股票的运动是否符合你的预想,然后再决定下一步怎么做。如果不对,尽快止损。如果一切正常,再进 400 股,结果又理想的话,买足 1000 股。由于股票的运动没有定规,你不入场就不可能赚钱,而入场就有可能亏钱,所以承担多少风险便成为每位炒手头痛的事。索罗斯在他的自传中提到,他对应承担多大风险最感头痛。解决这个问题并无任何捷径,只有靠你自己在实践中摸索对风险的承受力,不要超出这个界限。

然而什么是你对风险的承受力呢?最简单的方法就是问自己睡得好吗?如果你对某只股票担忧到睡不着,表示你承担了太大的风险。卖掉一部分股票,直到你觉得自己睡得好为止。

把"保本"这个概念牢牢地记在心里,你在炒股时每次犯错,你的体会就会深一层,时间一久,你就知道该怎样做了。

不断盈利

读者或许会嘲笑这样的题目,炒股如果不是为了盈利,炒股干什么?难道吃饱了撑的不成?但你注意到"盈利"二字前是什么?是"不断"。在股票市场偶尔赚点钱不难,只要你运气好就可以了。难的是"不断"二字。有多少次你听到朋友说:"我今年不错,股票大市跌了20%,我只亏10%,我战胜了股市!"真的吗?任何专业的炒手,唯一该问的问题应该是我今年挣了多少?有谁听说过服装店老板说自己较隔壁店少亏钱而洋洋得意的吗?但我常听到炒股的人居然会为亏钱而自豪!这其实便是炒股艰难的地方。看不见、摸不着的股票使一般人的判断力走了样。

要想在股市不断赚钱,除了知识和经验之外,就是必须忍耐,等待赚钱的时机。问问一般的股民,他们的入市资金有多少买了股票?有多少是现金?你会很惊奇地发现,一般股民几乎把入市资金全部买了股票。不管是牛市还是熊市时,他们都是这样。这些人有一个共同的想法:"我的钱是用来赚钱的。"读者们若有机会到赌场看看,就明白股民们为什么会这样做。赌客们站在赌台旁,一注都不肯放过,生怕下一手就是自己赢钱的机会。直到输完才会收手。你要明白一点:**股市有时是完全无序的,你根本就不知股票下一步会怎样运动**。就像你的女朋友生气时一样,你不知她在想什么,不知她要干什么。这时最佳的方法就是别惹她。在股票市场,就是你别碰股票。

股票在大多时是有理性、有规律的。虽然每只股票的个性都不一样,但大同小异,你需要不断研究、不断观察,等你的经验积累到一定地步,就知道怎样顺势而行。等待、忍耐、观察,只有在股票的运动符合你的入场条件时才入场。只有这样,你才能够确定你入场的获胜概率大过50%。在这基础上,不断盈利才有可能。当然,千万别忘了保本。

只有在有确定胜算的时候才入场,你极大地提高了成功的概率,这才使得不断盈利成为可能。看看你周围的股友,大多都是有时亏一点，有时赚一点，算总账曲线通常向下走，这就是典型的没达到不断盈利层次的表象。过了这个关，你会看到账面上偶尔会亏钱但亏小钱，大多的时候在赚钱，总账的曲线是向上的。

赚大钱

给读者出一道题：在你面前是两位炒手的交易记录。他们去年都翻了一倍，即100%的回报率。一位是常胜将军，他的交易全部赚钱，有买必赚，虽然每次赚得都不多，但他的交易记录密密麻麻的一大沓，积少成多，他赚了100%。另一位似乎运气不怎么样，交易中亏的次数多，赚的次数少。但他亏时亏的钱少，赚时赚的钱多，特别是有只股票卖出价较买入价升了4倍。算总账他也赚了100%。你怎么评价这两位股票炒手？

两人中的一位是运气很好的新手，另一位可是资深的专业炒手。你现在大概能够猜到哪位是哪位了吧？从他们的交易记录，你体会到什么了吗？在现实生活中，专业炒手的记录几乎都如上面所描述的，他们明白股票买卖不可能每次都正确，那么在错误的时候为何要付大的代价？但在他们正确的时候，他们试图从中得到最大的利润。可是新手们很少有这么好的运气，他们通常把赚钱的股票首先出手，满足于赚小钱，结果通常是手头有一大堆套牢的股票。

想象你手里有10000元，你告诉自己要分散风险，每只股票只投1/10，即1000元，一年下来，五升五跌，5只股票跌了10%，4只升了10%，另外一只升了200%。那么一年下来，这10000元变成11900元，19%的回报率。其中那只升了200%的股票是成功的决定性因素。

炒过股的朋友，你碰到过 5 元的股票升到 15 元吗？这样的机会多不多？但你抓到过多少？你是不是常常过早离场？使你过早离场的主要原因有两个：第一，人好小便宜；第二，不够经验判断股票运动是否正常。得到便宜是很愉快的，每次卖掉赚钱的股票你都觉得自己是炒股天才，想庆贺一番。你总是试图重复这类愉快的经历。所以我们看到新手赚钱时通常只赚小钱。

话又说回来，如果你知道 5 元的股票会升到 15 元，你也绝不会提早离场的。问题是你不能确定。这便涉及股票运动是否正常的判定问题。在这里我要强调的是：只要股票运动正常，便必须按兵不动。炒股高手利物莫（Jesse Livermore）特别指明，**他炒股的秘诀不是他怎样思考，而是他在买对了的时候能够安坐不动**。这是很难的一件事，你要克服脱手获利的冲动。

另一点要强调的是：如果你确定股票运动正常，你的胜算很大，这时你应该在这只股票上适当加大下注的比重。如果你的制胜概率是 60%，你下 10% 的注，但经验告诉你这次的制胜概率是 80%，你就应加注。从 10% 提高到 30% 甚至 50%，从直觉上你能明白为什么应这么做。具体怎么下注的艺术请参考下面"资金管理"一节。

第二节　资金管理（怎样在股市下注）

败而不倒，这是做生意的最基本法则。朋友，你将省吃俭用省下的血汗钱投入股市，买了某公司的股票，成为那家公司的股东，你在投资生意。你投资股票和投资住家隔壁的小卖店并没有本质的区别，区别仅在于那家公司的股票公开挂牌上市了，你家隔壁小卖店的股票未曾上市。如果小卖店的老板请你投点资，你会怎么思考？你面临投不投资和投多少两个问题。如果不投资也就算了，如果决定投资的话，投多少就费思量了。

入市前先自问"我亏得起吗"

一个人无论做什么投资，思考的第一个问题必须是：我亏得起吗？你如果有福气，在某单位有份待遇优厚的好差事，不用怕被炒鱿鱼，工资福利准时发，连卫生纸都会准时发到手里来，我恭喜你！你把用不完的钞票放进股市寻刺激，胜固可喜，败亦不足忧，那么你不用考虑什么"败而不倒"之类的废话。但不幸你和我一样是位手停口停的穷小子，时时担忧下个月饭钱从哪里来的不幸人！假如败了，一家老小吃什么？"我亏得起吗"这句话是沉甸甸的。

我在纽约做地产经纪人时的老板是位台湾赴美的早期留学生。他在20世纪70年代末投身地产界，几年间风生水起，《纽约时报》都具专文介绍这位华裔地产新星。80年代末期美国地产低潮，他被套牢，其间虽有小亏解套的机会，但大家知道，人有了一定地位，要亏钱认输是多么困难。最后他以破产告终，和自己的房子、车子挥手作别，不带走一片云彩。他夫妻二人都是高级知识分子，很有教养，三个孩子也非常聪明懂事。我尊敬他们的为人，但他们做生意没有遵循"适时止损"及"败而不倒"的原则，在生意场承担了超出自己承受力的风险，运气好时流星一样升起，运气不好便如流星般消失。因为这家公司倒了，我才决定进商学院修习MBA学位。我现在还常常想起他们，希望他们今天的生活如意。

提高获胜概率

炒股是亏钱容易赚钱难的行业。假设你手上有 10000 元资本，亏掉 50% 后剩下 5000 元。但你要回到 10000 元，你必须赚 100%，5000 元要翻一倍才会回到 10000 元。任何有基本数学概念的人都知道 100% 的道路较 50% 来得漫长。股票当然不例外。对炒股票而言，赌的次数很多。对这类赌，久赌常胜的关键之一便是下好注。怎样下注是艺术，没有绝对的是非之分。但有门科学叫概率，它对怎样完善下注艺术提供了科学的参考。我以下用生活的例子而不是抽象的数学公式来引导大家思考。

我们都知道抛硬币出现正面和反面的机会各是 50%，即有一半的概率出正面，一半的概率出反面。假设你今天和一位朋友赌钱，抛硬币定胜负，出正面你赢 1 元，出反面你输 1 元，你们各拿 1000 元的本金来赌。这场赌博的结果很清楚，赌久了，谁也赢不了，谁都不会输。这是一场公平的游戏。突然你朋友建议说：从下一手起，出正面你赢 9 角 5 分，出反面你还是给他 1 元。你还干吗？你当然不干，因为你知道被剃光头是迟早的事。反过来，朋友建议说出正面你赢 1 元，出反面你赔 9 角 5 分。你会怎么想？你会大声吼叫：好！因为这时你知道剃他光头只是迟早的事，你知道你赢定了。

现在假设这位朋友要提高赌注，每注 500 元，出正面你赢 500 元，出反面你输 475 元。概率没有变，还是 1:0.95；但赌注变了，从本金的 1/1000 提高到 1/2。这时你有什么感觉？你知道赢的机会还是大过亏的机会，但你"赢定了"的感觉没有了。你的本金只够连输两回，你的手开始冒汗。如果这 1000 元是你下个月的饭钱，你还敢赌吗？

上面的例子，你输赢的概率没有变化，但下注的数额变了，整个游戏的性质便发生了变化，你从赢定了变成了没有赢的把握。朋友，你炒了几年股票，觉得自己有经验了，**你知道你的经验是干什么用的吗？你的经验提高了你每次进场赢钱的概率！**

我曾研究过美国赌场的游戏，每种游戏（老虎机除外）的赌场盈利仅在1%～2%。即从概率上来说，你每次下注100美元，只能拿回98～99美元，和买卖股票的手续费差不多。但概率上你每次下注都输一点，久赌必输的老人言就完全应验了。所以赌场不怕你赢钱，就怕你不来。但就我的观察，一般的赌客带2000美元进场，通常不到半小时就剃光头回家。当时我觉得赌场真坑人，现在明白这些赌客其实太笨了。就算你不懂技巧乱下注，以通常最低额5美元的标准下注，2000美元够耗上两天，赌场包你吃住，就当一次度假也不错。这些赌客赚钱的心太急，恨不得立即就赚得十万八万的，每注下得太大，结果也就可想而知。

现在你应该明白在股市不断赚钱的秘诀了：**通过你自己的观察和研究，不断累积经验，将自己每次入场获胜的概率从50%提高到60%，甚至70%；而且每次进场不要下注太大，应只是本金的小部分。这样长期下来，你就能"久赌必赢"。**

数学的道理是很明白的。每次下注应占本金总额的多少，取决于你的经验及对风险的承受能力，没有死定的百分比。你要记住财不入急门。我这里给个建议：新手的话，把本金分成6～8份，每次下其中一份。有了经验，慢慢地把份数减少。你如果有60%的胜算，下注的数额比你有80%的胜算时应该为少。至于你怎么知道有60%的胜算或80%的胜算，完全决定于你自己的经验。下注的数额和下注的时机也有密切的关系，怎样选择下注的时机将在第四章另行讲述,希望读者结合起来看。

第三节 认识股票的正常运动

什么是股票的正常运动?

要完美地描述何时股票的运动正常是极其困难的。股票从来不按固定模式运动,就像你要完美地描述人的性格一样,你很难做到百分之百。这是一门艺术,不是科学。人在什么时候会生气?什么时候会高兴?因人而异,但大体上说,受到赞扬时会高兴,被指责时会生气。股票也是一样,被追捧时会升,被抛售时会跌,其间可能受一定程度的大户操作而改变升跌的形态,但总体趋势是不会改变的。经典的道氏理论特别强调了这一点。股票从来不是恒定不动的,它有时很活跃,有时很安静,要么上一点,要么下一点,在一个固定的区间波动,一旦股票开始一个新的走势,它通常循着一条比较固定的路径运行。华尔街将这条线称为"最小阻力线"(Line of Least Resistance)。就是说股票在这条线上行走时受到的阻力最少。

如果股票开始一个上升的走势,比如说准备从 20 元升到 50 元。你将发现走势开始的前几天,交易量突然增加,股价开始攀升,几天以后,升势停止,开始下跌。这是"正常"的获利回吐,下跌时的交易量较上升时显著减少。读者朋友,这个下调是很正常的,属正常运动,千万不要在这个时候将股票卖掉。如果这只股票具有上冲的潜力,你会发现在几天内股票又开始活跃,交易量又开始增加,上次"自然调低"所失去的"领土"应在短时间内收复,股票开始冲到新的高度。这次运动将持续一段时间,其间每日通常是收盘价高过开盘价,偶尔收盘价低过开盘价,其差额通常不大;交易量也不会有显著的变化,通常情况是减少。或迟或早,股票又会开始下跌,这是新一轮的"获利回吐"。这次获利回吐的股票运动和交易量的特点应该和第一次很相似。

上述是股票走升势时的正常运动。下面的图 3-1 显示出它们应有的特点。

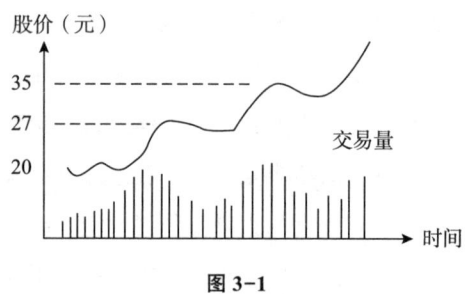

图 3-1

如果读者觉得还很抽象的话,我以下用数字来描述一遍,因为掌握股票正常运动的特点对炒股成功是极其重要的。在股价 20 元的时候,交易量增加,可以是平时的一两倍,股价从 20 元升到 21 元,22 元,甚至 27 元。这几天的交易量较前段时间显著增加是其特征。到 27 元时升势可能停顿,随之开始下调,股价走势为 27 → 26 → 24 元。这段时间的交易量应较从 20 元升到 27 元时的平均交易量为少,即股票从 20 → 27 元时买盘大过卖盘,从 27 → 24 元时的卖盘大过买盘。但这如果是正常的升势,从 20 → 27 → 24 这段时间总的买盘大过卖盘。在 24 元徘徊几天后,股价应重新开始上升,交易量又开始增加,这次上冲应很快超过 27 元,股价走势为 24 → 25 → 27 → 35 元。当股价冲到 35 元时,又开始停顿,随之下调,重复第一阶段的运动。这次下调同样应有交易量减少的特点。

一只正常运动的股票，每次上冲的强度通常较上一次更为猛烈。以我们这个例子，当股价再次冲破35元时，应很容易地直冲到45元或50元，其间不会感觉到有很大的障碍。回调是正常的。一位专业炒手绝不能在正常回调的时候被吓出场。入场后开始有利润了，每次回调都意味着纸上利润的减少，常人的第一感觉就是赶快卖掉获利，这是新手的显著特点。这也是新手很难在股市赚到大钱的原因。

仔细体会一下，上述也是一个升势具有的典型特性。所有技术分析的书对升势的描述都是类似的，这个运动形态也最符合人性的特点。随着现代电脑自动交易的增加，成交量的意义有所下降，但升势的基本态势没有变化。

认识股票的正常运动是"顺势而行"的基本功；我们等一会儿将介绍，"顺势而行"是华尔街奉行的行规，被绝大多数的专业炒手所遵循。"顺势而行"首先要给"势"一个定义，这个定义可能因人而异；认识股票的正常运动能够帮助股友在"股势"没有改变的情况下安坐不动，有了判断的依据。能"安坐不动"是在股市赚到钱的重要技能之一。以上描述了一个正常的升势。

股票的正常运动还包括如果在跌势的时候应该如何，转折的时候应该如何，请读者参考第二章第二节技术分析的基本知识。

炒手的任务不仅仅在于确认何时股票运动正常，同样重要的是要能认识股票何时运动不正常。就上面那个升势的例子，股票前进两步、退后一步的过程可能延续一段时间，有时可能是很长的一段时间。这段时间炒手或许在精神上会松懈下来，这是要不得的。因为往往在你松懈下来的时候，股票的运动发生变化。股票缓缓地周期性上升，突然有一天，股票狂涨，从50元一下子升到55元，第二天升到66元，这两天交易量突然大增，但在第二天收盘前的半小时股价从62元跌回58元收盘。第三天开盘一样强劲，股价一下子升到64元，但第四天，股价似乎失去了冲劲，它跌回61元（如图3-2）。

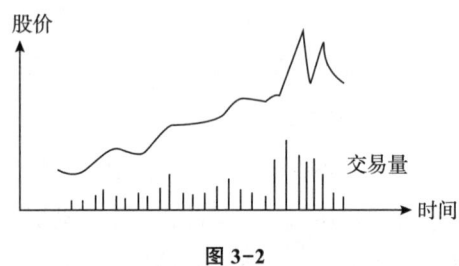

图 3-2

注意危险信号

前述例子中，第四天股价跌回到61元，这是极其明确的危险信号，它告诉你：小心了，危险！！！

在股价缓慢地上升过程中，它自然地升，自然地跌，突然某天大起大落，这是在正常上升过程中没有发生过的。一旦有不正常现象出现，炒手们必须特别留意。这时的正常做法，就是将股票脱手。

我是这样理解这一现象的：

股票运动后面的主要力量是大户，这些大户通常是手握巨资的基金或保险公司等。当这些基金的管理人看好这只股票，开始吸纳，你将看到交易量上升，股价上升。通常这些基金管理人在吸纳股票时，并不希望引起大众的注意，所以这一过程通常是缓慢的，它不会上报纸或电视的头条。

一旦这些大户吸股完毕，你通常会听到他们开始公开地推荐这些股票，引起大众的注意。这些大户们的信息通常较普通人灵通，他们也会很快看到公司有好消息公布，如开发成功新产品、盈利较预期为好等。等到这些大户觉得好消息已全部反映在股价之中，他们开始准备脱手。

由于他们手中握有的股票数量通常很大，如果一下子砸进市场，市场根本承受不了，他们手中的股票很大部分只能在低价出手。为了解决这一问题，他们要找傻瓜用高价来承接这些股票。找傻瓜的最佳途径就是令股价暴升，暴升时通常伴随点好消息，如公司任命新董事长了，某证券商强力推荐该股票了，等等。报纸电视整天重复这些消息，引发小股民蜂拥入市。想想看，小股民因股价暴升而引发贪念入市时买的股票都是谁卖的？一旦大户找足傻瓜，全身而退，还去哪里找大买主把股价继续推高？

你现在明白了股票的正常运动及危险信号后面的理由了吗？我一直强调，炒股是艺术，不是科学。当不正常的信号灯亮起，是否表示这只股票就一定要下跌？答案是："否！"没有人能够在任何时候百分之百地肯定股票明天会怎么样，也许暴升的理由是公司真的发明了长生不老药！你必须将股票的运动和公司的发展综合起来考虑。

让我重复一次：**炒股的最基本信条是，在任何时候，你手上持有股票的上升潜力必须大过下跌的可能，否则不应留在手里。看到危险信号，表示你的获胜概率此时已不超出50%。**

每位严肃的炒手都必须注意危险信号，但问题是在内心深处总有些奇怪的力量使他们在该卖出的时候提不起勇气这么做。或许是侥幸心理在作怪。在迟疑的这段时间，他们常看到股票又跌了好多点，这时他们会拍着脑袋，大骂自己傻瓜，同时发誓一旦股票有反弹就走人，"股票跌了这么多，该会有个小反弹吧？"但反弹来到的时候，他们又忘记了自己的誓言，因为在他们眼睛里，这时股票的运动又开始"正常"起来。通常，这样的反弹仅是股票在下跌路上的喘息，它很快就要走继续要走的路。

人性有很多缺陷。人希望股票会怎么运动，认定股票会怎么运动，当股票的运动和预想不符合时，就会认为股市错了，自己没有错。**但股友必须牢牢记住：股市从来都没错，它总是走自己要走的路，会出错的只有你自己**。你所能做的只有追随股市。见到危险信号，不要三心二意，不要存有幻想，把股票全部脱手。几天以后，也许一切又恢复正常，你一样可以重新入场。如果能这样做，你将发现你为自己省下了很多焦虑及学费。

华尔街流行的说法是这样的：你在铁路轨道上漫步，见到火车向你冲来，你应该怎么办？你自然应该闪开一边，待火车离去后，你随时还可以重上铁道继续漫步。迟疑不决会危及生命的，在炒股上就是你的炒股生命。上述讲的是一个正常的股票升势所具有的特点。时间的跨度通常比较大，从几个月到几年都说不定。对一般的投资者，能抓住整个"势"的 60%～70% 就是相当不错的成绩。这也是一般投资者最需掌握的。这些内容都算技术分析基础知识的一部分，以前谈的也请大家综合起来看，这里就不重复了。

正确地感悟股票运动何时正常需要很长时间的实践，这也是炒股成功关键的技巧之一。随着经验的增加，你的悟性越来越好，对股票运动的判断力越来越强，你就能将每次入场的获胜概率从 50% 提高到 60%，甚至 70%，慢慢地你就成了炒股专家。就我对这行的了解及体验，没有三年的全职经验连门都入不了。你要准备"熬"。

第四节　成功投资者所具有的共性

要有成为投资专家的欲望

无论做什么，没有欲望是不可能成功的。缺少欲望，你会在碰到些小困难时就打退堂鼓。股友们或许会说："我欲望很强烈，我很想在股市发财。"真是这么回事吗？美国在今天有超过3000万的股民，华尔街曾经对一般的股民做过调查，其结果是惊人的：80%的股民入市并非以赚钱为主要目的！炒股是金钱游戏，一个绅士们玩的游戏，股民们入市的主要目的是参加这一游戏。你所有富有的朋友都在炒股，你必须成为他们中的一员，这样在大家的闲谈中你也成为"成功人士"的一分子。

每个人都有或多或少的赌性，股市提供了满足赌性的场所，它给你日常烦闷的生活提供了调剂。问问你自己，是否也是因这些原因进入股市的？再问一个问题：为了买家里2000元的那台电视机，你跑了几家商场对比价格？找了多少材料？问过多少人？做了多少研究？昨天你花20000元买的那只股票，你又做了多少研究，找了多少资料？你买股票下的功夫是买电视机的百分之几？必须指出：**欲望必须由努力做基础，否则只是白日梦，白日梦不是欲望，是梦。**

必须具备锲而不舍的精神

锲而不舍是句很容易说，但很难做到的话。记得美国前总统柯立芝（John Coolidge）有句名言："这个世界充满聪明而失意的人，受过良好教育但成日感叹怀才不遇的人……他们有个共性，缺少锲而不舍的精神。"

什么是锲而不舍的精神？它是在忍无可忍的时候，再忍下去的毅力！如果谁认为他能在股市一炮打响，一飞冲天，他准是在做白日梦。就算他运气好，一进场就捞了一笔，这笔钱来得容易，但它只是股市暂时借给他的，他如果不即刻上岸，股市迟早会向他讨回去。想从股市不断赚到钱，你必须有知识，有经验，你必须成为专家。

在我炒股的这么多年中，经过许许多多的不眠之夜。我的最高纪录是一天亏掉5万美元。5万美元对有钱人来说是小数目，但那时是我全部资产的一半，相当于当时我妻子两年的工资；我今天还能感受到当时的痛苦和麻木，随后两个星期连饭都吃不下。最痛苦的不是亏钱的数目，钱亏掉不可怕，可怕的是不知有无本事再赚回来！

我不断问自己：这个行业适合我吗？我知道大学熬四年能毕业，其他行业也有学徒出师的时候，但股票大学的毕业期何在？像这样每天工作十小时，不仅今天没有工资，也不知道以后会不会有报酬的日子到底要熬多久？我有没有毕业的可能？我是穷人家的孩子，过的是手停口停的生活，多年省吃俭用的储蓄一天天地减少，这日子有熬出头的一天吗？放弃的念头无日无之。就算到餐馆做跑堂，一天也总能挣上几十块钱。读者可以想象我当时的绝望。当然，我如果当时真放弃了，读者也看不到这本书。

多年过去了，回首往事，有时自己都为自己的韧性感到骄傲。我要向读者们分享希尔先生（Napoleon Hill）在他的不朽名著《思考致富》（Think and Grow Rich）中的一句话："当财富来到的时候，它将来得如此急，如此快，使人奇怪在那艰难的岁月，这些财富都躲到哪里去了?"我的生活经验证明这句话确实无误。这句话和孟夫子的名言"天将降大任于斯人也,必先苦其心志,劳其筋骨,饿其体肤……"有异曲同工之妙。

成功来得太容易,它通常不会持久。这个世界有太多的地方能让头脑发热的人摔跤,而且你永远猜不到在什么地方摔跤。因为成功来得太容易,人往往不知福、不惜福,忘了自己是谁!黎明之前总是最黑暗的,你能熬过这段时间,你才能看到光明。请记住:**成功的秘诀不外乎是"在忍无可忍的时候,再忍一忍"。**

要有"与股市斗,其乐无穷"的气派

所有成功的投资者对市场及其运作都有极大的兴趣,他们喜欢市场所提供的挑战,有强烈的欲望要战胜这一市场。

吸引他们在这一市场搏斗的不是金钱,不是名誉,不是快速致富。金钱只是他们玩股票游戏成功后的奖品。对一般人而言,他们进市场的目的是为了赚钱,这一期望使他们在这行成功的概率变得很低。因为这一期望使他们难以维持冷静的观察力,他们没有耐性等待必然的结果。中国的老话叫"猪油蒙了心"。利物莫曾指出:**一位成功的炒手必须如一位成功的商人,正确地预见未来的需求,适时进货,耐心地等待盈利的时刻。**

要甘于做孤独者

几乎所有成功的投资者都是孤独者。他们必须是孤独者!因为他们常要做和大众不同的事。

无论是低买高卖还是高买更高卖,他们都必须维持独立的思维,为了与众不同所以做和大众相反的事是极其危险的。他们必须有合理的解释为何大众可能不对，同时预见采用相反思维所将引致的后果。这给他们与众不同时所需的信心。从孩提时代，我们就深知合群从众的重要性。胡思乱想，奇怪的主意，使你失去朋友，受到嘲弄。长期以来我们已习惯于"集体思维"。但炒股需要不同的思维方式。如果股市大多数人都看好某股票，他们都已按自己的能力入场，还有谁来买股使股市继续升得更高？反之，如果大多数股民不看好股市，他们都已经脱手出场，那么股市的继续下跌的空间也已不大。你如果随大流，则你将常常在高点入市，低点出市，你将成为失败者。

当然，何为大多数股民看好大市或大多数股民不看好大市是很难计量的，你主要通过研究"股势"来得到答案。这里强调的是思维的方式。你从小学习的那些讨人喜欢的性格，如听话、合群、不标新立异等都成为炒股成功的障碍。

必须具有耐心和自制力

耐心和自制力都是听起来很简单但做起来很困难的事情。炒股是极其枯燥无味的工作。读者会嘲笑我的说法，说："我炒过股，我觉得极其刺激好玩。"这是因为你把炒股当成消遣，没有将它当成严肃的工作。我是围棋爱好者，我觉得围棋很好玩。但问问那些下棋为生的人，他们一定会告诉你成日打谱是多么的枯燥单调。其中的道理是一样的。每天收集资料，判断行情，将其和自己的经验参照订好炒股计划，偶尔做做或许是兴奋有趣的事，但经年累月地重复同样的工作就是"苦工"。你不把"苦工"当成习惯，你在这行成功的机会就不大。

因为炒股是如此的单调乏味，新手们就喜欢不顾外在条件地在股市跳进跳出寻刺激。在算账的时候，你自然明白寻找这一刺激的代价是多么高昂。你必须培养自己的耐心和自制力，否则想在这行成功是很难的。

看过狮子是怎样捕猎的吗？它耐心地等待猎物，只有在时机及取胜机会都适合的时候，它才从草丛中跳出来。成功的炒手具有同样的特点，他绝不为炒股而炒股，他等待合适的时机，然后采取行动。

等待时机也如种植花草。大家都知道春天是播种的时候，无论你多么喜欢花，在冬天把种子播入土的结果将是什么，是很清楚的。你不能太早，也不能太迟，在正确的时间和环境做正确的事才有可能得到预想的效果。不幸的是，对业余炒手而言，往往不是没有耐心，也不是不知道危险，他们也知道春天是播种的时机，但问题是他们没有足够的知识和经验判定何时是春天！

这需要漫长且艰难的学习过程，除了熬之外，没有其他的办法。当你经历了足够的升和跌，你的资金随升跌起伏，你的希望和恐惧随升跌而摆动，逐渐地，你的灵感就培养起来了。

必须有一套适合自己的炒股模式

炒股高手只有在股票的外在条件（包括基本面分析、技术分析及股票大势）符合自己的作战计划时才采取行动。俗话说条条道路通罗马，这里的"罗马"就是累积财富，成为股票游戏的胜利者，而"道路"就是你自己的方法。采用什么道路并不重要，重要的是这条道路必须符合你的个性，你走起来轻松而愉快，你有信心能走远路。在这基础上你才会对自己的方法有信心，最终不断完善自己的方法以取得最高效率。

必须具有超前的想象力及对未来的判断

这并不是说优秀的投资者具有一般人所不具备的第六感,而是他们有能力自繁杂的信息中理出头绪。大多数人注重于今天发生的一切并假设今天发生的一切会不断延续,但优秀的投资者会看得更远一步,预想在什么情况下今天的情形会停滞甚至产生逆转。他们并不较一般人聪明,但他们独立思考,不拘泥于成见。当他们看到改变的苗头,立即采取行动,绝不拖泥带水。

成功的投资者绝不幻想

一旦你把资金投入某只股票,按原来的预想,这只股票的运动不对,你会怎么办?一般人常常想象出各种理由把这一不正常的运动"合理化"。这种为避免割肉痛苦的合理化假设是极其致命的,这也是许多有一定经验的炒手最终不得不举手投降的主要原因。一位成功的投资者绝不让情感左右自己,有的话程度也很小。无论割肉认错是多么痛苦,他们绝不迟疑。他们明白,让这样的情况延续只会带来更大的痛苦和损失。业余炒手很少问自己一个问题:"假如我今天手边有钱,还会买这只股票吗?"就是问了,也会找成堆的理由来安慰自己:"隔壁老王说这只股票的下跌只是暂时的","卖出股票要手续费",等等。一句话,业余炒手想方设法不去止损。

要有应用知识的毅力

怎样才能减肥?答案其实只有四个字:少吃多动。减肥的知识是如此简单,减肥应是轻而易举的吧?事实正好相反。美国有个统计,100个人参加减肥训练,只有12个人降低了体重,其中只有2个人将体重降低持续一年以上,即2%的成功率。减肥失败的原因不是因为学习减肥多么困难,而是因为大多数人缺少每天应用这些知识的毅力。你很想吃一块蛋糕,但你知道这一块蛋糕下肚子,锻炼一天的效果就泡汤了,你忍得住吗?你订好计划,每天吃什么,锻炼多久,可你坚持了多久?

炒股也是一样,任何对炒股有一定认识的人,都明白炒股所需的具体知识少得可怜。股票只有两条路可走,不是上就是下,影响股价升落的因素就是这么多,真正重要的因素列出来占不满你的手指,甚至不识字的也可以在股市露一手。股票的引诱力也人所共知,你如果做得好,前景大大地光明。这样的行业,成功率甚至低过减肥!为什么?因为人们常常做不到自己知道该做的事情!

人们都知道诚实是取信于人的不二法门,有多少人做到了?我欣赏王安先生的话:"**我可能没有把我知道的全部告诉你,但告诉你的,全部是真的。**"我们都知道"贪"是受骗的根源,有多少人做到了"不贪"?报纸上天天讲的骗人和被骗的故事都是怎么发生的?我们都知道努力是成功的基石,大家都想成功,有多少人做到了"努力"?或许有人认为每天工作八小时就已很"努力"了,未免太简单了些。我们都知道应该"当天的事情当天做完",有多少人做到了?这样的例子很多很多。这些都是不难做到的事,需要的不过是在行动上应用,但大多数人都失败了。

一位成功的投资者,他应十分留意怎样将他的知识应用在炒股中,他不会因为应用这些知识的枯燥而忽略细节。在日常生活中,获得知识通常并不困难,困难在于用毅力应用这些知识。在炒股问题上,我是坚信"知易行难"之说的。

第四章 何时买股票 何时卖股票

学习寻找临界点的过程其实就是学股的过程,当然其中还包括学习炒股的正确心态。坦率地讲,学找临界点的技巧还比较容易,培养心态才真正困难。

华尔街将炒股的诀窍归纳成两句话:截短亏损,让利润奔跑!英文叫:"Cut loss short, Let profit run!"意思是:一见股票情况不对,即刻止损,把它缩得越短越好!一旦有了利润,就必须让利润奔跑,从小利润跑成大利润。

在前面谈了股票的性质与特点、炒股基础知识和炒股成功的基本要素之后,本章将专门探讨技术性的实战问题——怎样买卖股票。

第一节 何时买股票

这个问题我打算从买卖股票依据的基本原则、买入操作的技巧、选择股票的程序等方面加以阐述。

基本原则

在我讲何时买股票之前,我要提醒读者,就我这么多年的炒股经验，选买点最重要的是选择止损点。即在你进场之前，你必须很清楚，若股票的运动和你的预期不合，你必须在何点止损离场。换句话说，你在投资做生意，不要老是想你要赚多少钱，首先应该清楚自己能亏得起多少。有些人以10%的数量做止损基数，即10元进的股票，以9元做止损点。有些人将止损点定在支撑线稍下。有些人定20%的止损额。还有其他各种方法。无论什么方法，你必须有个止损点，这个止损点不应超出投资额的20%。请读者切切牢记，否则这里讲的一切都是空的。

买股票的依据主要是三点：价值分析、技术分析及大市走向。有些人买股票只看价值分析，即只研究公司的本身价值，不看其他。巴菲特便是代表人物。有些人只看技术分析，认为市场对该股票的看法尽数表现在股价及其交易量的变化之上。大多数的炒手属于第二类。

无论哪一种，只要你能做得好，都可以获得好结果。但对一般的炒手而言，仅靠价值分析来炒股是很困难的，因为你不可能获得完善的资料来判定公司的价值。你如果是位大基金的管理人，买了某公司的大批股票，你可以派个人到公司坐镇，了解公司的细节。对一般人来说，这是不可能的。公司的财务报告仅表明了过去的经营情况，并不代表未来的发展。依据华尔街的说法，股票的价格反映的是半年后或更远的未来的公司前景。

我自己的方法是用价值分析来找股票，找到股票后的操作主要依靠技术分析。我总是选择那些我入场时胜算最大的点，而且每次下注都只是我资本的一小部分，同时把握亏钱时亏小钱，赚钱时赚大钱的原则，及时止损。说到底，我差不多就等于在开赌场，每次入场时我的获胜概率都超过50%，而且我只下小注，所以我久赌必赢。

在"技术分析的基本知识"那一节,我们介绍了几个图。图中所有的突破点都可以叫临界点。我总是将买卖控制在临界点附近。什么是"临界点"呢?大家知道水在100℃变成蒸汽,科学上称100℃正是水的临界点。把它推广开来,衣服的成本价是主妇们买衣服的临界点,在这个点买衣服,被宰的机会最小。在股票的操作上,这些点往往是公众对股价重新评估的点,也就是在这些点上,你入场的获胜概率最高。买股票的技巧,全在怎样找临界点上。

操作技巧

以下让我们分析一下买股票时怎样具体操作。

1. 升势时的操作(图4-1)

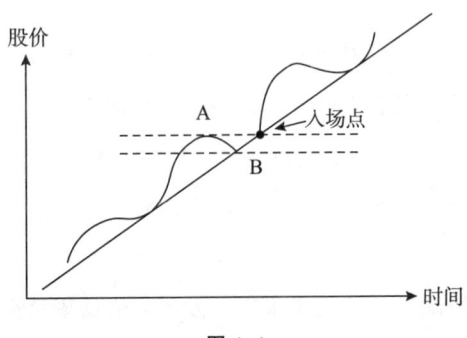

图 4-1

假如这是一个正常的升势,A、B点分别是波峰和波谷。一旦股价超过A点,便是好的买入点。假设A=15元,B=13元,则好的买入点是15.10元或15.50元。因为你可能判定这是新一波的开始。假如股价升到16.50元,你便可将卖出价定在15.50元。记住保本。

如果继续上升，你便应忘掉入场价，专注于股票的运动是否正常。止损点应怎么定呢？有两种方法：第一，A=15元，把止损点定在14元；第二，B=13元，把止损点定在13元。这看你对风险的承受力。但无论如何，股价跌穿B点必须走人。记得升势的定义吗？正常的升势应该一浪高过一浪，如果股价高过A但随即击穿B，表示升势已被暂时否定。你必须在场外观望，重新寻找机会。

2. 阻力线和支撑线的操作

图4-2中有阻力线的买点及止损点的标示。假设阻力线是15元，一旦股价突破15元，即可考虑入场。把止损点定在14.50元或14元。永远记住只能亏小钱。股票一旦穿越阻力线，正常运动是继续上升，如果又跌穿回头，表示股票运动不正常，早先的穿越是假信号，可能是大户在搞鬼。

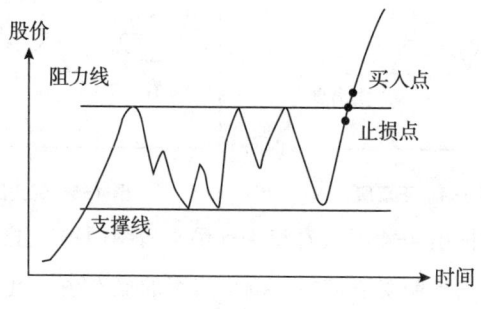

图4-2

有时股票跌到你的止损点又马上回头，这也不要紧，你可以再入场，再入场的点以上一波的高点所示。这类场合常常碰到，但这是唯一正确的做法。亏的钱等于买了保险，防止了亏大钱的可能。

图4-3中有支撑线的买点及止损点的标示。如果股价一碰到支撑线就反弹，你有理由相信此时股价接近谷底。但如果买入的

话，你必须在支撑线之下定个止损点。因为股票价格跌穿支撑线，继续下跌的概率就大过上升的概率。

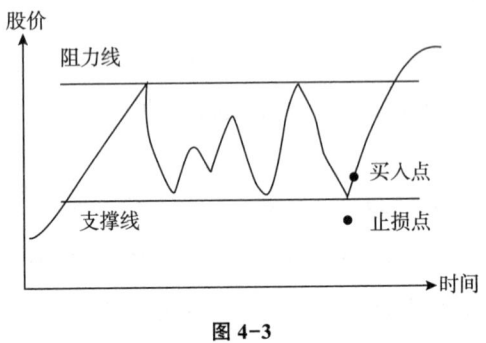

图 4-3

3. 双肩图和头肩图的操作

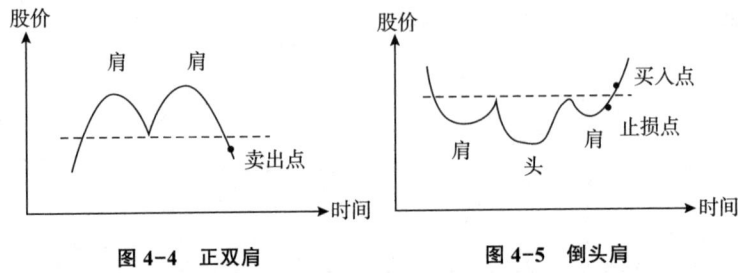

图 4-4　正双肩　　　　　　图 4-5　倒头肩

这里只标出 4-4 正双肩和 4-5 倒头肩图两种。正双肩不提供买的机会，它标明卖点何在。倒头肩图的操作法和阻力线上的操作法相同。

以上讲了三个基本图形的操作法。道理其实相当简单。读者能回到第二章第二节的"综合看图"那段，体会可能会更深一些。一般的股票波动就是这几种图颠来倒去。头肩图中的头和肩如果平行的话就变成三肩图。把升势时的波峰连接，再把波谷连接，你就看到通道。就我自己的经验，最有用的概念是阻力线和支撑线，从心理上它们最容易解释，在实际中它们也最为有效。

我们可以把买入的要点归纳一下：

第一，在买入之前，一定要参照一下股票的走势图，因为它是大众投资心理的反映。

第二，在买入之前，先定好止损点，搞清楚你最多愿亏多少钱。切记照办。

第三，选择临界点，记住你不可能每次正确，所以入场点的获胜概率应大过失败概率。

第四，最好在升势或突破阻力线，准备开始升势的时候买入。

第五，绝不要在跌势时入市。

第六，不要把"股票已跌到很低了"作为买入的理由，你不知道它还会跌多少！

第七，不要把"好消息"或"专家推荐"作为买的理由，特别在这些好消息公布之前，股票已升了一大截的情况下。

第八，记住这些要点及点点照办。

以上我们讨论了几个临界点，在基础知识的部分讨论了这些临界点形成的心理基础。但是不是临界点只有这几个呢？答案当然是否定的。学习寻找临界点的过程其实就是学股的过程，当然其中还包括学习炒股的正确心态。坦率地讲，学找临界点的技巧还比较容易，培养心态才真正困难。

关键：把握临界点

为了使读者对临界点有更深的认识，让我们做些更进一步的思考。股市是讲大钱的地方，任何这样的场所，都一定有大户在兴风作浪，中国的股市是这样，美国的股市是这样，全世界任何地方的股市都没有例外。人人都知道股价突破阻力线时是好的买入点，大户也知道。你如果是大户，你会怎么做？你会在低点吸纳，再人为地创造出公众们认为好的买入点，引起公众的兴趣，这时再把股票抛掉。这就是我们常常看到股票突破阻力线后常常回调的原因。但有一点可以确定，短线操作的资金都是热钱，它不会长久留在某只股票上，除非大户真的认为该股有潜力。

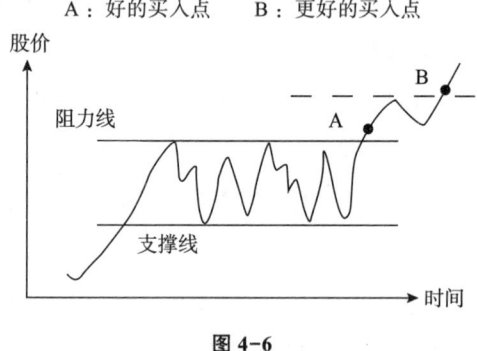

图 4-6

如图 4-6 中的 A、B 两点，如果股票突破阻力线，A 点便是好的买入点。在稍微回调后，股票若能突破上回波浪的高点达到 B 点，则 B 点是更好的买入点。因为你基本可以确定热钱已经离场，市场真正看好这只股票。在操作时，你可以分两段进行。如果你准备买 1000 股，可以在 A 点先进 200～300 股，将其余的部分在 B 点买入。

读者或许会问为何不将 1000 股全在 B 点买入？因为这样可以防备有些强势的股票，根本就不给回调的机会，一过阻力线便一飞冲天，你如果看好这只股票，却失去这样一飞冲天的机会，心里会很懊恼的。这样做也符合下注的原则：即对胜利的把握越大，下的注就越大。这里要再次强调交易量的重要性。如果交易量没有增加，突破阻力线的现象并没有很大意义，请读者自己思考一下其中的缘由。只有在交易量增加的前提下,突破阻力线才可以认为股票的运动进入新的阶段。

让我们再看一个例子,见图 4-7。

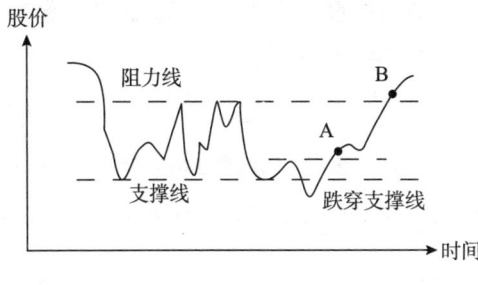

图 4-7

这个例子中,股价跌穿支撑线即刻反弹,A 点便是极好的买点。想象一下你是有钱的大户,握有一批该公司的股票,且你已得到一定的内幕消息,公司很快有一个好消息会公布,你会怎么做?你会首先抛售手中的股票,让股价跌破支撑线,因为你知道股价一旦跌破支撑线,会引发市场恐慌性抛售,这时你开始大量吸纳。以我自己的经验,如果股价跌穿支撑线,交易量大增且股价很快弹回支撑线之上,这是极佳的买入机会。我自己碰到这样的机会十次中有九次赚钱。

大户们操纵股票其实就是那么几招,你只要专心,观察股票的运动和交易量的变化,想象你是大户的话会怎么调动公众的心理,大户的花招其实也很简单。讲白了,他们想买进的时候,要么静悄悄地,要么想法引起大众的恐慌性抛售,前者你会看到交易量增加,但不明显,股价慢慢地一步步升高,后者便是搞一些大家公认的好卖点。大户想卖的时候,要么先买进,造成股价狂升,引发股民的贪念去抢抬轿子,要么就搞一些公众们公认的好买点。由于他们通常手握巨资,要做到这些并不困难。但他们的动作必定会从股价的变动及交易量的变动中露出尾巴,只要你有足够的经验,你就明白怎样跟着玩。

你要记住:你买的股票都是别人卖给你的,你卖的股票都被别人买去了。你要尊敬对手!

想象你的对手是谁! 如果是大户的话,你炒股大概常亏钱,如果是小股民的话,你大约已赢多过输。细细揣摩这几句话,哪一天你发觉自己真正明白了这段话,你就会觉得炒股的路一下子宽了许多。

以上我们谈了怎样选临界点买进股票,怎样定止损点离场。你如果是位较长期的投资者,不要注重大户的操纵,他们的操纵只能影响股票的短期波动,不能影响大势。但就老话所言:好的开端是成功的一半,一个正确的入场点会使你少伤很多脑筋。以下我们再来谈谈怎样选股票来买。买股的时机固然重要,买什么股票有同样的分量。

选择股票的步骤

在选择股票之前,你需要首先选择股票的类别,如地产股、金融股、电子股等。让我将这个过程简化成以下三个步骤。

第一,什么是大市的走向?如果大市不好,你最好什么都别买,安坐不动。我知道对新手而言,让钱闲着是件极其难受的事,但你必须学习忍耐。就算你看到很吸引人的临界入场点,也不要轻易有所动作。大环境不适合的时候,你的胜算降低了。

第二,哪些类别的股票"牛劲"最足?需要指出,如果两只股票的技术图形相似,比方说同时在充分的交易量之下进入爬坡阶段，其中一只股票属"牛劲"很足的类别，另一只属"牛劲"不足的类别，你会发现属"牛劲"足类别的股票很容易就升了100%，而"牛劲"不足类别的股票要很辛苦地才能升20%。

第三，当你判定股票大市属于"牛市"，选好"牛劲"最足的类别之后，余下的工作就是"牛劲"最足的股类中选择一两只"龙头"股。这些龙头股可以是该类别的"龙头老大"，如香港银行股中的汇丰银行；也可以是有特别产品或专利的"特别小弟"。

如果你做到了以上三个步骤，你就会发现你的资金在胜算最大的时刻投入到了胜算最高的股票之中。这时又出现另一个问题，读者会问第一、第二点都容易明白，也容易判断，但第三点怎么办？在"牛劲"最足的类别股中，怎样找最有潜力的股票？

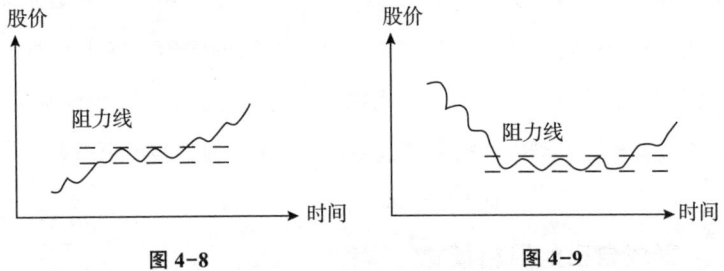

图 4-8　　　　　　　　图 4-9

图 4-8、图 4-9 分别代表两只股票的走势图，这两只股票都属于"牛劲"足的类别股，你现在选一只股票，你会选哪只？假设阻力线的价格同是 20 元。

很多人靠直觉会选图 4-9，因为它从高价跌下来，是"便宜货"。答案是：错了，你应该选图 4-8 的股票。为什么呢？

先看图 4-9，很多原先在 20 元的阻力线之上入市的股民已被套牢很久，他们终于等到了不亏或稍赚解套的机会，你认为他们现在会怎样做？他们会赶快跑，快快让噩梦结束。一般人就是这么想的，也是这样做的。再看图4-8。每位在阻力线之下入市的股民都已有了利润，他们已不存在套牢的问题。你会发现图4-8股票上升的阻力会较图4-9来得小。

再看下面两个图。

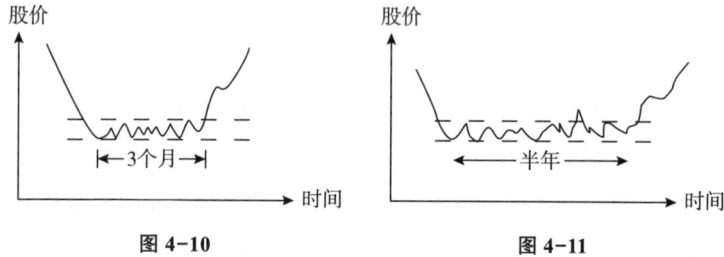

图 4-10   图 4-11

图4-10在突破阻力线之前的蓄劲期是三个月，图4-11是半年，你要买图4-10或图4-11其中之一，你会选哪种？答案如果是图4-11你就对了。被套牢是极其不愉快的经历，晚上睡觉时想到这只股票都睡不好！很多人撑不住就割肉算了。蓄劲期越久，那些被套牢还未割肉的投资者就越少，它上升时的阻力也就越小。

形成自己的风格模式

股票买卖是艺术，不是科学，它没有固定的模式。我希望读者到这里已经能感觉到股价变化过程中投资大众心理波动的脉络，能明白公众为什么买股票，为什么卖股票，心理过程是怎么样的，你怎样从这个过程中受益。股票价格的短期波动很多是大户操纵的结果，但大户不能说升就令股价升，他们还是要用"买股票"的方式来令股价升，这个尾巴是掩不住的。

找个清静的地方，细细思考一下临界点是怎样形成的。你如果无法找到支撑它的心理脉络，这个临界点常常是靠不住的。走进书店，翻开任何一本《股市必胜》《炒股秘笈》之类的书，你会看到数不清的"高招"。你按这些高招炒过股吗？结果如何？如果炒股居然简单到"20 天平均线穿越 50 天平均线是买入好点"的话，哪里还有人起早摸黑去上班？寻找临界点的过程就是学习炒股的过程。你只要用心，你会不断发现适合你的个性及风险承受力的临界点。

用你自己发现的临界点，按自己定好的规则买进卖出，训练自己的耐性，留意市场提供的危险信号，你就走上了学股的正确道路。你很快就会发现，用这样的方式炒股票，你有极大的自我满足感，其所得利润也较其他方法所得更令你觉得喜悦。因为你不仅赚了钱，也知道了为什么能赚到钱，你将有信心按同样方法再次赚到钱。

最后谈点我个人的经验。股票和人一样，有其特别的个性，有些保守、迟缓，有些急躁、不安分。对某些股票来说，我能很容易揣摩出其个性，推断出其运动轨迹。而有些则和我无缘，其运动模式我怎么都猜不透。对这些无缘的股票，每次碰到我都被烫伤。就如同交朋友，有些第一次见面就相见恨晚，无话不谈，有些话不投机半句多。我采用的具体做法是，如果某只股票烫了我三次，我就尽量不再去碰它。把注意力放在合心意的股票上。

第二节　何时卖股票

何时卖股票的考虑可以分成两部分：第一，刚进股时怎样选止损点；第二，有利润后怎样选择合适的卖点获利。就第一部分而言，何时买股票的那一节已有论述，这里主要谈第二部分。

选择卖点

在读者的心中,大家应记住自己在做生意,就如同做服装生意一样,一有合理的利润,就可以卖出去。有些投资专家,他们买股票准备永远持有,这并没有错,运气好的话,30年可以翻20倍。但其间会有很多的起伏,有时股票会有50%的跌幅,这对炒股为生的炒手而言是难以承受的。而且你还要有选长期股的眼光和信息,对一般人而言,要获得精确的信息并不是件容易的事。况且,如果股票五年都不动怎么办?你吃什么?

上述的投资专家通常靠管理公共资金为生,每月有工资可拿。对一般的炒手而言,持股的时间通常是从几个星期至几个月不等。这个时间没有硬性规定,只要股票的运动正常,你就不应该卖出。但你一旦有了一定的炒股经验后就会明白,很少有股票会在"最小阻力线"上运行一年以上。**一个大走势,头和尾都是很难抓到的,炒手们应学习怎样抓中间的一截,能抓到波幅70%就算是很好的成绩了**。这样做能预防股票常有的20%~40%的回调可能给你的整体投资带来的大幅震荡。

让我提醒股友:**不要试图寻找股票的最高点,你永远不知股票会升多高**。就我个人的体会,决定何时卖股票较决定何时买股票更为困难,亏的时候你希望打平,赚时想赚更多,思想斗争不断进行。对刚学炒股的新手来讲,常有"不赚不卖"的心态,这是极其要不得的,带有这样的心态,失败的命运差不多就注定了。这就是为何我在前面"何时买股票"一节中特别强调选买点最重要的是选择止损点。

要决定何时卖股票,最简单的方法就是问自己:我愿此时买进这只股票吗?如果答案是否定的,你就可以考虑卖掉这只股票。

在实际操作中，问题其实并没有这么简单，因为无论进场还是出场，都是有代价的。手续费是不应忽略的数目，频繁进出场的结果就是把利润都捐献给政府和证券商了。

和买股票一样，卖股票的点也是"临界点"。你如果能够做到仅在临界买点入场，临界卖点出场，入场时牢记止损，并注意分摊风险，你的成功概率就能提至最高，你也就真正成为炒股专家了。

技术要领

让我们复习一下技术分析基础知识中的几个卖出临界点。

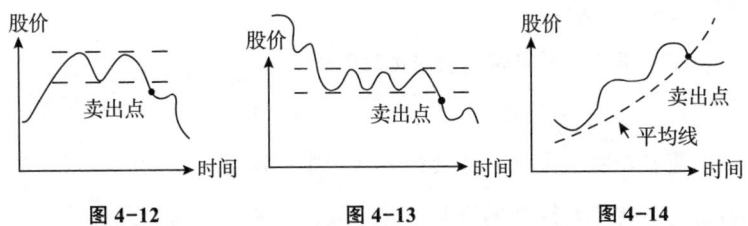

图 4-12　　　　图 4-13　　　　图 4-14

从这三个图中，你可以感觉这些卖点是投资大众对股价重新评估的点。图4-12、图4-13已在第二章的技术分析基础知识中详细解释了。图4-14的特点是股价穿过平均线，我们曾提到平均线是股价走势的标志，一旦股价穿过平均线，你有理由提问：这个走势会继续吗？是不是结束的时候？

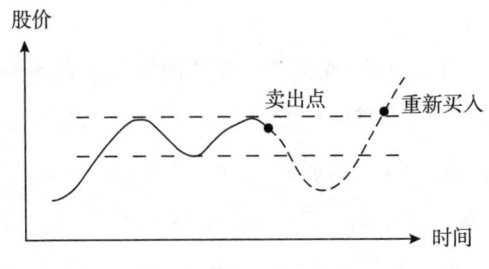

图 4-15

这些卖点都不是死的，随着经验的增加，你或许会把图 4-12 的卖点改成图 4-15；你把卖点移到第二个波峰附近，如果股价再次穿越阻力线，你就再买入。图 4-12 和图 4-15 的优劣一目了然。这样，你的资金总是在盈利机会最大的时候留在场内。

我希望股友们明白，这里讲的是思考方式。临界卖出点并非只有这几个。你要在实践中自己去找。如在前面"何时买股票"一节中所言：寻找临界点的过程便是你学习炒股的过程。这里讲的几个典型的临界点，都可以在实际操作中给予修正和改动，你要自己用心去体会。**中心点就是只有在盈利机会大过亏损机会时才让资金留在场内。**

以下小结一下何时及怎样卖股票。

1. 注意危险信号

随着经验的增加，你会慢慢地产生"这是该卖的时候了"的感觉。不要忽略这样的直觉，这是经验。要获得这样的经验，你通常已付出很多学费。相信自己。

2. 保本第一

任何情况下，股价超出你的入货点，你应考虑在你的进价之上定个止损点。赚钱的先决条件便是不亏钱。10 元进的股票升到 12 元，应把卖点定在 10 元之上，如 11 元。

3. 亏小钱

把止损点定在 10% 或更小，在任何情况下都不要超出 20%。只要条件允许，越小越好！条件允许可以这样理解：5 元的股票，10% 只有 0.5 元，50 元的股票，10% 有 5 元。对 5 元的股票，你可以给 0.75 的浮动空间，把止损点定在 4.25 元。对 50 元的股票，你可以给 3 元的空间，把止损点定在 47 元。我自己喜欢把止损点定在入市当天的最低点。比如我今天以 10.75 元买进股票，今天的最高价是 11 元，最低价是 10 元，我便以 10 元作为止损点。以我的经验，如果我的入场点选得正确，股价开始上升，它不应跌回到我当天入场的最低点。

4. 遇到暴利，拿了再说

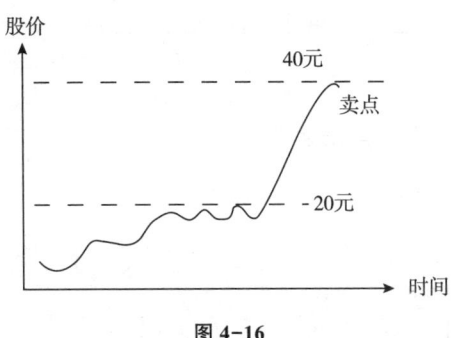

图 4-16

在股市投资，你有时会碰到图 4-16 表示的情况。股价在两星期内从 20 元升到 40 元。在这样的情况下，第一天转头（转头表示收盘低于开盘）你就可以把股票卖掉。别期待好事情会没完没了。这样的暴升常是股价短期到顶的信号，特别是最后两天，交易量猛增，公司并没有特别的好消息。这是危险信号，它在说：我在吸引最后的傻瓜入场，当最后的傻瓜上钩之后，我就要回头了。这种短期狂升但没有惊人好消息的股票跌起来一样快。这是大户吸引傻瓜的常用手法。

5. 小心交易量猛增，股价却不升

见图 4-17，股价升了一段时间之后，如果你忽然发现股票的交易量很大，股价却没有升高。这也是危险信号，它告诉你有人乘这个机会在出货。这通常是股价到顶的信号，起码短期内如此。

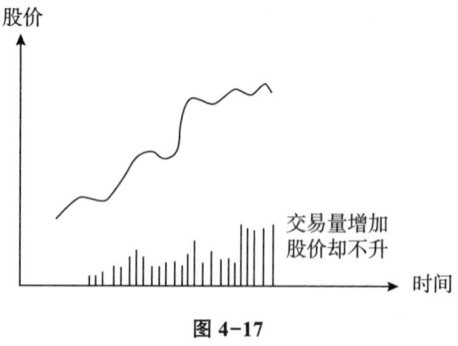

图 4-17

6. 用移动止损点来卖股票

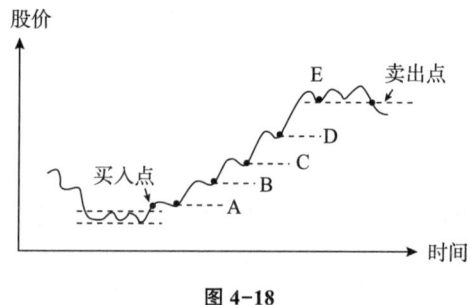

图 4-18

见图 4-18，买入后，如果股票开始正常的升势，它应有一浪高过一浪的特点。你可以将止损点放在每个波浪的浪谷，随着波浪往上翻，你将卖点由 A→B→C→D→E 往上移。这样就能保证你不会在升势时过早离场。同时这样做很简单，情绪上的波动很小。你抓不到这个升势的头尾，但你能抓住中间的大部分。

用移动止损来卖股票是很有效的方法。这是一般不能全时专职炒股的人的最常用方法。在实际的股票运动中，波浪不会如图这么规则，但原理就是这样。它提供了一个原则，遵照这一原则，你不会情绪化地过早离场，导致一个 10000 元的赚钱机会只赚到 2000 元。

华尔街将炒股的诀窍归纳成两句话：截短亏损，让利润奔跑！英文叫："Cut loss short, Let profit run!"意思是：一见股票情况不对，即刻止损，把它缩得越短越好！一旦有了利润，就必须让利润奔跑，从小利润跑成大利润。让利润奔跑的基础当然是建立在有利润之上的。

请再读一遍何时买股票、何时卖股票这两节，再体会一下"截短亏损，让利润奔跑"这句话，炒股的诀窍尽在其中。

还必须强调：股票买卖的思维方式不是机械式的！这是资本市场的博弈，资本市场的博弈是心理的博弈。上面讲的一些机械规矩只能用来参考！就像武术的招式，是学武的入门；招式之后是练心，目的是最终成为无招的高手。同样，资本市场的博弈需要首先用心来感应一个投资是否符合大众心理，再后投入资本来验证自己的想法；一旦市场证明自己错误就要认错出局；对了的话可以增加下注。通过不断地修正增减，最后得到一个总体的正数。上面的规矩仅仅是给新手指明了一个入门的方向。**请大家谨记，博弈的游戏没有死板的对错之分，只有在不断的试错过程中努力争取得多失少，才能最后成为胜者。**

第三节　定位好方法，持之以恒

以上介绍了何时买卖股票的技巧及其思考的方式。总结来说，可以顺势交易，可以回调抢反弹，可以炒高低，也可以跌势抄底。方法没有对错，能够赚钱的方法就是好方法。但是在实际操作中，你无法所有方法同时运用，你只能选择一到两种适合自己的方法。因为每一种方法只能运用在特定市场，比如升势只好用买入顺势的方法操作，您选择抄底买低的方法在升势情况下是赚不到钱的。但是你又不知道下一波的市场运动属于什么类型的市场，所以股市没有一招打遍天下的方法。

股市曾流行过这样的说法："做趋势的人多数死在震荡里；做盘整的人多数死在趋势里；做短线的人多数死在暴拉里；有方法的人多数死在执行里；靠主观的人多数死在感觉里；没方法的人多数死在乱做里。"这些说法不严谨，但挺形象地描绘了股市新手在学股过程中碰到的困难。股市走向通常可以大致分为升势、跌势和震荡市；它们常常交叉进行。新手可能在升势的时候学习了一套方法，一实施，亏钱！因为股市变跌势了！他开始修改方法，再实施，又亏钱，因为这时候是震荡市，再修改，实施时发现适合震荡市的方法还不赚钱！因为市场又变成升势了。几个循环下来，一位学股人就被淘汰掉了。

股价虽然只有升跌两条路，但有可能走出不同的大小波浪，也有可能横盘很长时间不动。这给股票炒手提出了一个很严肃的课题：**我应该在什么时候用什么方法操作？**

因为"什么时候"充满变数，所以"什么方法"从理论上也同样充满变数。这也就是为什么炒股赚钱难的原因！很多新手一入场买股就赚了几个钱，那是因为正好碰到升势；市场一转成跌势这些赚的钱通常是留不住的！只有具备了足够的知识和经验才知道怎么应付，才可能将赚的钱留下来。

那么应付的方法是什么呢？回答就是这节的标题："定位好方法，持之以恒！"

人本身是千差万别的；有些急急躁躁，有些悠悠哉哉。没有好坏，个性不同。在股市，让急急躁躁的人做长线很难，实在等不了；让悠悠哉哉的人炒短线也做不了，太过紧张了！自己属于什么类型自己最清楚！那么选择方法的时候就有了依据。个性急，就不要选做长线，可以做短炒。个性慢，就别专注短炒，想想怎么长线操作。前面谈的买卖股票操作示意图没有标注时间；若用分钟格，就是短炒；用小时格，变成中短炒；用每日格，算中长炒；用每周格的话，就是长炒了。图还是这些，标注不同的时间段，可以满足不同的操作风格。

如果您认为做长线升势是适合自己的方法，那么就要持之以恒。您心中明白，这种方法在跌势和震荡市是赚不到钱的，您在出现跌势和震荡市的时候就应该减少入市深度或离市；您不试图猜测下一个走势是什么。股市总是循环反复的，长线升势又出现的时候您将全力入市。很多人试图预测下一个走势是什么，这种尝试基本是徒劳的；没有人知道下一个走势怎么样！或许您很有经验了，您预测的正确率会提升一些，长期100%是不可能的。走势通常只有走出来后才知道原来过去的是什么势！您应该用负面的眼光看待那些声称有这个能力的人。

若您觉得自己擅长短炒赚差价，那么记得到获利点就平仓，别有了点利润就被"让利润奔跑"这句话影响。该卖的时候别迟疑。

新股民碰到的一个困难课题是到底哪种方法适合自己？不同方法的界定其实也很模糊。炒股是艺术，艺术本身就很难用语言明确定义。炒股就是这样！有个说法叫一万小时法则，意思是若您在某个行业花了一万个小时，您将成为专家。我相信您若在股市实实在在花上一万个小时，那么哪一种方法对您合适应该就不再是问题。在没达到这个境界之前，还只好慢慢熬。

还有个非常重要的思路需要再解释。前面不断提到了炒股应该"顺势而行";没说"测势而行"。您买股票就是分析后预测股价该升才有的动作,卖股票也是分析之后认为股价该跌才会卖股。难道这不是"测势而行"?那么到底什么才是对的?在具体实施的时候,您当然预测之后才买股;如果没有股价该升的预测,买股就是脑壳坏了!那么为什么止损呢?因为实际情况和预测不符。所以在实际操作中的思路是"测势"入市,这个预测本身就应该已经顺势了,否则你不应该得到入市的信号,所以这两种说法其实没什么实质差异。手中一旦持有股票,您原先的预测就应该有个应对计划,情况对怎么加码?加多少?情况不对怎么减磅?全出局还是局部减磅?

以上介绍了何时买股票,何时卖股票;我们也介绍怎么定位好一种适合自己的方法持之以恒。这个学习的过程很漫长,一个经济周期可能都不够,要第二次反复才能够真正明白为什么这样做。

何时买卖股票其实只是炒股的一部分。承担多少风险、如何资产配置等都是炒股需要考虑的课题。炒股其实是个系统工程。

用普通工程的建设举个例子,修铁路并不是简单地知道如何将铁轨铺上枕木就行;可能要修桥过河,可能要挖洞穿山;修桥会碰到修桥的问题,穿山有穿山的难处。还有其他许许多多问题;这些都是修铁路的系统工程的一部分。

股票的系统工程包括碰上大跌怎么办?遇上长期的窄幅震荡怎么办?大市长期低迷怎么办?如何分散风险?如何配置资产?这一切都需要知识和经验来处理。需要自己长时间实践才能得心应手地应付。想从股市不断赚到钱并留下来,必须要让自己在各方面都成为有经验的行家。这个系统工程还包括怎么升级自己!开始当然先学习,一旦超出自己为自己管钱的层次,就必须考虑大众理财的方方面面。自己理财可以担大风险，了不起从头再来！通常大众理财必须尽可能地低风险操作。在操作上需要做相应的变动。

我们前面专门强调了"败而不倒"。这是做生意的最高原则，也是炒股的最高原则。所以操作炒股这一系统工程需要给自己一个底线，就是不要随便让自己被剃光头。任何时候，输光了就倒了！

第四节 人为操纵的赌局，搞清对方的心理

股市是个博弈的场所，大家各尽所能希望成为这个博弈游戏的赢家。有赢家就一定有输家，那么了解一下有能力在一定程度操纵股市者的思维，有助于自己也成为赢家。

操纵这个话题是很复杂的！若你自己的资金多，你的买卖自然会影响股价；你可能根本没有想操纵股价，只是想买卖股票而已，但结果一样是股价随着你的买卖而变动。由于机构交易占股市交易的大部分，你的交易对象很可能是他们，了解这些大户的心理相当有必要。

现在想象你自己是手握巨资的资金管理人；你想买股或卖股了，你自然希望买的价钱越低越好，卖的价钱越高越好。从前面你知道了让股民买股的主要原因是因为股价在升，让股民卖股的主要原因是股价在跌，那么你会怎么做呢？以下这些想法做法是基本人性！

（1）如果股市大户想买股了，他会将股价的K线图搞成向下跌到很难看。

这很明显，你想买股了，怎么才能让人便宜地将股票卖给

你？这本书读到这里，这些手段是小儿科了。当然伴随着的还有媒体的坏消息。好玩的是这些小儿科手段一直有效。

（2）股票在高位的时候以很高的交易量继续爬高是有人想出货了。

小心了，相当多的情况，可能有人想出货了！通常，报纸和网络还会流传和该公司有关的好消息。看看，好消息加上好走势，还有巴菲特的徒弟告诉你好公司股票买了不卖坐等是股市赚钱的不二法门，你自己看着办！当然，还有股市名嘴在边上鼓劲：买进，快买进！所有的外界信息都鼓励你快快入市，别失去发财机会。

（3）股价跌到你不止损就睡不着和股价升到你不买几股就坐不住的时候，通常是股价的最低点和最高点。

别小看大户，大户不仅仅有钱，他还有人！这些大户可能养了一个排的心理学博士和电脑博士！养这些人并不便宜，不要低估这批人的能量。他们对股价升跌之时你的心理过程知道得一清二楚；升的时候你贪，跌的时候你怕，他们会照着玩！玩到你不止损睡不着或不买人不舒服。

（4）如果消息是真的，你通常是最后知道的一位！

让我们面对现实，你真以为有人想尽办法将钱塞进你的口袋？如果确实如此，你大约也不需要读这本书了！所以对任何消息都多个心眼。

（5）股市的傻瓜生生不息！

大家都知道什么是"庞氏骗局"！一百多年来同样的一招抓了多少傻瓜？当然，在中国今天它换了个名字叫"P2P 金融"。以后还会再换名！同样一招重复有效，换个名字就成。别认为股市的操纵者有什么了不起的手段，用不着的！在股市只要这几招就够了,会有不断的新股民前赴后继。搞清这点你可以对自己多点信心,会重复的东西是可以学习的。

有读者会问那么是否每次股价大跌或大升都是被操纵的?当然不是!有时大跌真是董事长身体不好!所以培养自己独立的判断能力是必须的。

以上我们将操纵概念聊了聊,这样你在具体操作的时候会从不同的角度思考。这种思考会将你从科学的思维里解放出来,进入对股市理解的更高层次。炒股这种博弈类的活动,没有知己知彼,你就处在劣势。

必须再次强调,股票运动的最大原动力来自基本面的推动;股市的操纵只能是短期的,小范围的;它影响不了股价的长远走势。但如果你想买股票,同样的股票是每股 5 元进还是每股 10 元进有相当大的区别,了解股市操纵的一些思路给了你更高的胜算。

股友有时会问:"有什么好股票?介绍一下。"我们现在知道这个问法不对!这个世界没有"好股票"这个东西!如果说"好公司"还是有的,"好股票"这玩意是不存在的!对一般股民来说,价格升的股票就是好股票,价格跌的股票就是坏股票。

有以上心理脉络做基础,我们在买卖股票的时候就可以更完整地思考:

(1)买股时我们会按走势思考!思考的内容可以是大趋势,比如投资互联网或者投资太阳能这样的大趋势;思考大趋势当然不看股价图。也可以看小走势定策略,比如按照股票的 K 线图画个均线看看是不是向上?我们不再为股价变动的一些小动作有情绪;我们甚至试图利用这些小动作。

(2)公司要有个"奔头"。请给个股价会升的理由吧!有没有根治癌症的专利？股价升要有人追买，若你自己都找不到买的理由，为什么期待别人会掏钱呢？只看图常常不够；图有时会被人造假。

（3）别把别人当傻瓜。巴菲特有句名言："不想拥有一只股票10年，就不要想拥有这只股票10分钟。"打算拥有股票10分钟的通常都希望有位傻瓜在10分钟之内会用更高的价钱从你手上接手股票；这种做法有时也有效，但作为一个思路通常走不远。商业交易应永远尊敬自己的对手。

我们现在开始多了一个心眼：**股价跌的时候我们不再只是负面地看待，我们观察是否有人想进股了？或许是个机会也说不定？股价升到令人心动，我们开始心生怀疑，该不是有个陷阱等着我去跳吧？**将这些思考和书中其他的交易智慧综合，你对股市的理解就进入了新的高度。

第五章 华尔街的家训

几百年来,炒股行的先辈们用他们的经验写下一条条的家训——想在这行生存和成功所必须遵循的原则。这些原则100年前适用,今天适用,100年后一样适用,因为人性不会改变。

时刻牢记:市场从来不会错,而你的想法常常是错的。

"我很早就发现华尔街没有什么新东西,也不可能有什么新东西,因为股票投机历史悠久,今天在股市发生的一切都在以前发生过,也将在未来不断地再发生。我进场之前就知道我判断正确的时候,我总是会赚到钱。使我犯错的是我没有足够的毅力按计划做,即只有在先满足我入场条件时才入场……"

炒股是老行业。在华尔街,100年前流行的是火车股、钢铁股,接着流行收音机股、电视机股,今天流行的是电脑股、网络股。每种股票的兴起都代表了新的行业和人类文明的进步。在这千变万化的股市历史万象中,唯一不变的是股票的运动规律。和百年前甚至更早时期的先辈一样,现代人有着同样的贪婪、恐惧和希望,一样在亏损时不肯割肉,一样满足于小利而在股票的牛市中途退席。当年的股市充满小道消息,今天的股市还是充满小道消息。

华尔街一代新人换旧人,每个人都希望他的存在能在历史上留下一笔,各种各样的格言警句如恒河沙数。令我惊奇的是,华尔街在近半个世纪已没有出现新的"家训"。有人出了些新的规则，仔细读之，只不过是用新文字把老的家训重述而已，换汤不换药。

第一节　华尔街的家训

要把所有的华尔街家训都写出来起码要有 200 页的篇幅，其中大部分是"为赋新词强说愁"。我在这里将实践中证明最为重要的规矩整理出来。这些规矩已由我的实际操作证明可以遵循且行之有效，希望读者们能牢牢记住它们。

止损，止损，止损！

我不知该怎样强调这两个字的重要，我也不知还能怎么解释这两个字，这是炒股行的最高行为准则。你如果觉得自己实在没法以比进价更低的价钱卖出手中的股票，那就赶快退出这行吧！你在这行没有任何生存的机会。最后割一次肉，痛一次，你还能剩几块钱替儿子买奶粉。

分散风险

做这行需要有赌性，但不能做赌徒。如果你在这行玩刺激，手手下大注，梦想快快发财，那你迟早会翻船说再见，而且速度会较你想象的快得多。

你有 10 次好运，第 11 次好运不见得会落在你头上。记住：你只能承担计算过的风险，不要把所有鸡蛋放在一个篮子里。把手头的资本分成 5～10 份，在你认为至少有 1:3 的风险报酬比率时把其中的一份入市，同时牢记止损的最高生存原则，长期下来，不赚钱都难。新手的错误是太急着赚钱,手手都要豪赌,恨不得明天就成为亿万富翁。中国"财不入急门"的古训,在这行真可以说是字字珠玑。

避免买太多种股票

问问自己能记住几个电话号码?普通人是10个,你呢?手头股票太多时,产生的结果就是注意力分散,失去对单独股票的感觉。我一直强调,你必须随时具备股票运动是否正常的感觉,在此基础上才有可能控制进出场的时机。买一大堆类别不同的股票,恨不得挂牌的股票每只都买一些,是新手的典型错误,因为注意力将因此分散。将注意力集中在3～5只最有潜力的股票,随着经验的增加,逐渐将留意的股票增加到10～15只或更多。读者可以试试自己的极限何在?但在任何情况下,都不要超出自己的极限。

有疑问的时候,离场

这是条很容易明白但很不容易做的规则。很多时候,你根本就对股票的走势失去感觉,你不知它要往上爬还是朝下跌,你也搞不清它处在升势还是跌势。此时,你的最佳选择就是离场! 离场不是说不炒股了,而是别碰这只股票。如果手头有这只股票,卖掉! 手头没有,别买! 我们已经明白了久赌能赢的技巧在于每次下注,你的获胜概率必须超过50%,只要你手头还拥有没有感觉的股票,表示你还未将赌注从赌台撤回来。当你不知这只股票走势的时候,你的赢面只剩下50%。专业赌徒绝不会在这时把赌注留在台面上。

别让"专业赌徒"四个字吓坏你,每个生意人其实都是专业赌徒。你在学习成为炒股专家，对自己的要求要高一些。这时出现另一个问题。炒过股的朋友都会有这样的感觉："当我拥有某只股票的时候，我对它的感觉特别敏锐，股市每天算账，它让我打起十二分的精神，如果手中没拥有这只股票，我对它的注意力就不集中了。"我自己有同样的问题，我的处理方式就是只留下一点股票，如100股。如果亏了，我就将它当成买药的钱，权当我买了帖让注意力集中的药。

忘掉你的入场价

坦白地讲，没有三五年的功力，交过厚厚的一大沓学费，要你忘掉进价是做不到的，但你必须明白为什么要这么做。今天你手中拥有的股票，按你的经验，明天都应该会升。如果经验告诉你这只股票的运动不对了，明天可能会跌，那你把它留在手中干什么？这和你在什么价位进有什么关系？之所以难以忘掉进价，这和人性中爱贪小便宜、绝不愿吃小亏的天性有关。如果这只股票的价位已较你的进价为高，你脱手会很容易，因为你已赚了便宜。若低的话，你必须面对"吃亏"的选择！普通人会找一百个"理由"再赖一会儿。朋友，"再赖一会儿"的代价是很高的。人很难改变自己的人性，那就试着忘掉进价吧！这样你就能专注于正确的时间做正确的事。

别频繁交易

我开始专职炒股的时候，每天不买或卖上一次就觉得自己没完成当天的工作。我以炒股为生，不炒不就是没事干？这可是我的工作啊！结果我为此付出了巨额的学费。

当经验累积到一定地步,你就会明白股市不是每天都有盈利机会的。你觉得不买不卖就没事干,缺少刺激,代价是每次出入场的手续费。除了手续费之外,每天买卖都带给你情绪的波动,冲散了冷静观察股市的注意力。可以这么说,在你留意跟踪的股票中,每天都有70%胜算的交易机会是骗人的。频繁交易常常是因为枯燥无聊。频繁交易不仅损失手续费,同时使交易的质量降低。

不要向下摊平

犯了错,不是老老实实地认错,重新开始,而是抱着侥幸心理,向下摊平,把平均进价降低,希望股票小有反弹就能挽回损失,甚至赚钱。这是常人的想法和做法,在这行则是破产的捷径。英国的巴林银行(barings)就这样倒了。

上海石化在美国挂牌上市,1997年最高曾达到每股45美元。从45美元跌到35美元,很低了吧?是不是再补上2000股?再跌到25美元,你准备怎么办?还往不往下摊?结果上海石化一路跌到每股10美元。作为股票投资人,这样的好戏只要上演一出,你就全部被套牢,等它升回45美元?或许有可能,但这是两年后还是20年后才会发生的事,则谁也说不清!如果永远不回去呢?这样被烫一次,你将不再有胆量继续炒股。假如幸运地市场给你一个解套的机会,你会马上套现把钱放在米缸里,还是天天摸到钱放心。再见了,又一位交了学费毕不了业的学股人。

不要向下摊也可用另一种说法:第一次入场后,纸面上没有利润的话不要加码。纸面上有利润了,表示你第一次入场的判断正确,那么可以扩大战果,适当加注,否则即刻止损离场,另寻机会。读者请静下心来思考一下为什么,道理其实很简单。

也许有人不服气,我已有10次向下摊平都摊对了,它的确是解套良方。我真要羡慕你,你的运气比我好多了。但你还未告诉我第11次、第15次的结果!你敢保证它们不会是王安电脑(王安电脑曾是美国第二大电脑公司,现已破产)?

对炒股老手来讲,可以有很多例外。其中之一就是股价在升势时,任何点都是好的入场点,碰巧你一入场,股价开始正常下调,在下调结束回头的时候,你可以考虑再进点股,就算进价较你第一次进价低也没有关系。这样做的思想基础不是为了解套,而是你"知道"股票的升势还在继续。只有将炒股武艺练到"无招"地步的炒手才可以考虑这么做,没有三五年的经验莫谈。新手们请谨记:不要向下摊平!

别让利润变成亏损

这条规矩的意思是这样的:你10元一股进了1000股,现在股价升到12元了,在纸面上,你已有2000元的利润。这时要定好止损价,价格应在10元之上,比如说10.50元或11元,不要再让股票跌回9元时才止损。你如果炒过股,就会明白当股票从10元升到12元,却让它跌回9元,最后割肉止损,其感觉是多么令人懊恼。你会觉得自己太愚蠢了!任何时候你如果有自己蠢的感觉,你一定做错了什么!把止损点定在11元,卖掉时算算还赚到钱,这和在9元时不得不割肉的感觉肯定是不一样的。这还牵涉到炒股的第一要务:保本!在任何情况下,尽量保住你的本金。

有些读者会问:股价是12元,把止损点定在11.90元,这样不就能保证赚得更多,数钱时更开心吗?说的是不错,但实际上不能这么做。股票波动一毛钱的时间有时不用两分钟,一旦你出场了，股票可能一路冲到 15 元，你就失去赚大钱的机会了。把止损点定在 10.50 元或 11 元，你给股票 10% 左右的喘息空间，一只正常上升的股票，不会轻易跌 10% 的。

跟着股市走，别跟朋友走

这条规矩的简单解释就是：别跟着朋友买或卖，要按市场情况来买卖。我在交易大厅常常听到："你今天进了什么股票？我想跟你进点"。每次听完我都觉得好笑，因为它总让我想起三个盲人是怎么一起走路的。你们留意一下，三个盲人走路，通常是一人在前探路，随后一列跟着两位盲人。第一位盲人在前走，后面跟的两位盲人省点劲，第一位盲人选的路是否是最好的就不管了，反正大家都看不见。而三位眼睛好的行人往往是排成一行走，你走你的，我走我的，还方便聊天，碰到石头、水沟时大家各自知道怎么避开。他们也有一列走的时候，那时他们走的路一定是最通畅的。

一位真正懂炒股的人通常不愿别人跟着买，因为你可以跟我买，但我要卖的时候你不知道，结果可能害了你。如果卖股票时还要记着通知你，心理负担多大？亏的话怎么办？

朋友，下点功夫，研究股票的运动规律，学着选择买点和卖点。想跟朋友买卖不要紧，掂掂他是什么材料。喜欢你跟着的通常本身是盲人，盲人喜欢带路。

该卖股票的时候，要当机立断，千万别迟疑

我在 1994 年 11 月 2 日的炒股日记上有这样一句话：xirc（股票交易符号——现已被兼并，不再挂牌），股数 2000，进价 17.25

元,升到 23.50 元,没有在 21.50 元卖出,今跌到 16.25 元,蠢啊蠢!!!痛啊痛!!!

这是十年前的记录,我已记不清当时的具体情况,从上面的几句话,我知道自己曾将卖点定在 21.50 元,当股价从 23.50 元跌到 21.50 元的时候,不知什么原因使我迟疑,没有及时采取行动。在 11 月 2 日的时候,股价跌到 16.25 元。我原本 8000 美元的利润,现在倒亏 2000 美元。我痛呼蠢啊蠢。

股价波动从来花样百出,它在跌的时候,总会不时给你来个小反弹,给你一线希望,让你觉得跌势已开始转头。股价重新下跌,你原来的希望破灭,准备割肉放弃时,它又来个小反弹,重新把你拴住。开始是小小的损失,经过几个这样的来回,变成了大损失。这就是已学会"止损"的股友还会亏大钱的原因。

止损的概念不要只体现在你的本金上,也要包括利润在内。10 元买进 1000 股,花了 10000 元的本,升到 15 元,你手头就有 15000 元了。别把 5000 元仅当成纸面利润,不信的话就把股票卖掉,存入银行,看看多出的 5000 元是真钱还是假钱。定好了出场价,当股票跌到这点时,不要幻想,不要期待,不要讲理由,即刻卖掉再说。

别将"股价很低了"当成买的理由,也别将"股价很高了"当成卖的理由

我今天手里还有只股票,交易符号是"ihni",公司是开养老院的。五年前它从 15 美元跌到 5 美元,我觉得股价很低了,花了 5000 美元进了 1000 股。现在的牌价是 0.25 美元。我的 5000 美元只剩下 250 美元。这只股票我一直没有止损,当年是"不肯",今天我用它来提醒自己:"你永远不知股价会跌到多低!"因为人是很健忘的。

我发觉新手们特别喜欢买低价股,来请教我某只股票是否可买的朋友,他们选的股票大多数是低价股。这低价是指股票从高价跌下来,如 40 美元跌到 20 美元。这样的想法或许是源自日常生活,衣服从 40 美元降价到 20 美元,那一定是便宜了。把这样的习惯引申到股票,自然而然地找"减价股票"。很不幸,你用选衣服的方法选股票,在这行就死定了。

股价从 40 美元跌到 20 美元,通常都有它的内在原因,你用什么断定它不会继续往下跌呢?英文有句话是这么说的:**别试着去接往下掉的刀子,它会把你的手扎得血淋淋的!**所谓炒手,最重要的是跟势,股价从 40 美元跌到 20 美元,明显是跌势,你不能逆势而行。当然要是股价从 40 美元跌到 10 美元,现在又从 10 美元升到 20 美元,那就是两码事了。

一位新手在发现他买进的股票价格升了时,会很兴奋,也惴惴不安,生怕市场把好不容易借给的利润又收回去。成日脑海里盘旋的就是"股价是不是升到顶了","还是别贪了,快卖吧"。这里要提醒读者的就是:**别将"股价很高了"当成卖的理由,你永远不知股价会升多高**。只要股票的升势正常,别离开这只股票。记住前面提到过的华尔街格言:截短亏损,让利润奔跑!

订好计划,按既定方针办

入股时,认清你的风险和回报各是什么。若市场未按你预定的轨道运行时怎样应变?最好写下应变的策略。特别对新手而言,入市几天后,自己都记不起入股时是怎样想的。如果你的止损是

10%，10 元进货，升到 15 元，止损点就定在 13.50 元，没什么价钱好讲的，股价跌到 13.50 元就说再见。如果你的原计划是 10 元入股，15 元卖出获利，那么股价升到 15 元时就坚决卖出，不要犹豫，虽然我强调在这行最好不要预定获利点，但你如果有这样的计划，就照做。**股票行的方法实际上没有什么对或错，关键是你需要找到适合自己风险承受力的方法，且坚决按照这个方法去做。**随着经验的增加，你会不断改变自己的方法，这就如螺旋一样，转了一圈，你似乎还在原位，但其实你已经高了一层。方法可以修改，也必须随着经验的积累而修改，重要的是在任何时候，都必须有个方法且用它来指导你的行动。

新手们最易犯的错误之一就是缺少计划。觉得这只股票跌得很低了或某人说这只股票好就买进。买进后怎么跟踪就茫无头绪了。什么情况下止损，什么情况下获利，一问三不知。你若也是其中一员，赶快学着订好自己的计划。股票学校的学费是很贵的。

别爱上任何股票

有人会爱上某只股票！原因常常是对该股票做了很多研究。无论什么，一旦熟了，慢慢就会产生感情：这是人性，没办法的！问题是在炒股这行，爱上股票是极其危险的，它会断送你的炒股生命。

我自己印象深刻的是我的第一部车。和大多数 20 世纪 80 年代初来美国的人一样，我是空着手来的。在餐馆干了一年，交完学费后留下的那么点钱就用来买旧车：在美国没车是不行的。我的第一部旧车是本田喜美，10 年的老爷车，16 万英里的里程。任何开过车的先生都知道，10 年车龄，16 万英里车程的老爷车事情多着呢！

穷学生，修车的事当然只有自己干。在以后的一年里，我从刹车到化油器都自己换了一遍，着实对这部车下了功夫。如果开长途的话，我是将修车工具和常用零件放在车上一道走。虽然这部车两年后就退休了：它实在跑不动了！其直接的后遗症就是我真的爱上了这部车；我对它实在是太熟悉了。多年以后一讲买车我还会想起本田。由此知道大车厂的入门车通常亏本卖的原因：钓鱼！

讲回股票，你研究公司的产品，分析营收、固定资产、本益比；试用其产品，甚至研究总经理的八字命盘。一段时间下来，你就如我当年修旧车上了瘾，脑袋里总忘不了它。什么炒股计划，什么止损，统统再见！股价升，应该的；股价跌，暂时的；反正我相信你的产品有前途，公司有未来，明天一定会更好！网络股的泡沫大家都记得，例子我就不多举了。公司研究做多了，难免对公司产生感情，这是人性！但请肚子里明白这是人性的弱点：别昏了头，忘了保本，忘了止损。请谨记：**别爱上任何股票。**

市场从来不会错，你自己的想法常常是错的

多少次，你拍着脑瓜子叫："见鬼，无论从什么角度分析，这只股票都没有理由会跌的，它很快就会反弹。"我朋友来问股票，都会一条条列出他们的分析，最后认定这只股票升到顶了，那只股票跌到底了。我无法证明其对错，通常我只建议你若想买那就买吧，但若股价又跌了 10%，即刻脱手。如果你想卖，那就卖吧，反正不卖你也睡不着。

华尔街很多著名的专家，在这一条上都翻了跟头。人一旦出了点名，名声就重于一切，他们认为股价要升，不升怎么办？结论自然是市场错了，市场还未体验到这只股票的价值。结果是专

家们一个个从宝座上跌下来。这样的故事非常之多。越聪明的人，越容易自以为是。他们在生活中的决定通常正确的居多，有些是开始不对劲，但最终证明他们是正确的。但在股票行，或许最终他们确实是正确的，但在市场证明其正确之前，他们可能早已剃光头回家了。不要自以为是，不要有虚荣心，按市场给你的信息来决定行动计划，稍有不对即刻认错，这才是股市的长存之道。

下面读者们可以欣赏一下炒股大师们是怎么论炒股的。

第二节　大师论炒股

沃伦·巴菲特（Warren Buffett）

巴菲特的自传在书店已有很多，我在这里简单地介绍一些他的投资理念。

他投资的时间跨度很难模仿，但他的思路很有参考价值。要在投资领域成功，他相信以下的六点素质是必备的。

第一，你要有点贪念，但不能太多。太多的话，贪念就会控制你；但太少的话，你失去了动力。你必须对投资过程充满好奇心。

第二，你必须有耐心。你买一家公司的股票，应该打算永远拥有这一股票。你不应随大流而动。你如果对公司的判断正确且在适合的价位进场，你最终会看到股票的价值。

第三，你必须独立思考。如果你自认不具备足够的知识来做判断，最好就不要做任何判断。

第四，你必须有自信，这自信必须来自知识和经验，而非一时的头脑发热。

第五，不要不懂装懂，要有自知之明。对自己不懂的东西，要承认自己不懂。

第六，对投资的对象可以有弹性。什么东西都可以买，但不要付出超出其价值的价格。

他列出下面几点作为选择公司的参考。

（1）公司做什么生意很容易理解。

（2）经营这家公司不需要天才，平常人也能经营。

（3）能够提供可以预计的盈利。

（4）经营者拥有公司的股份。

（5）公司不应有太多存货且货如轮转。

（6）公司的固定资产回报率高。

巴菲特每年给他的投资者的年度报告都强调两点：

（1）我们的投资将基于股票的价值而不是股票是否热门。

（2）我们的管理将尽量使损失降至最低（有别于股价的短期波动）。

一位成功投资者的重要素质之一，便是在市场情况不允许时，离开市场。1969年，当巴菲特认为"便宜"股票已很难找到的时候，他决定暂离市场。当时他是这样给投资者们解释的："我对现今的情况有失落之感……但有一点我很清楚，我将只能进行我所熟悉的投资方式。这样做或许会失去一些巨额且容易的盈利机会。但我不能进行我所不熟悉的投资方式，因为这可能导致巨额的损失。"

巴菲特以下的言论也很具有参考价值。

你不需要用非常先进的投资理念来寻求在股市的成功！你不需要使用譬如市场有效理论、资产配置理论、期权定价理论等来进行成功的投资；你需要知道的只有两项：（1）如何对生意估价；（2）了解股价的变化规律。

作为一位投资者，你只需要在合理的价钱购买股票，成为一个你自己也知晓的生意的小股东；当你确定这个生意5年或10年之后一定会有大成长，你需要重仓投资；这样的机会并不是天天都有。

你的投资理念应该是如果不想拥有某个股票10年，想都别想只拥有10分钟。想清楚这些别三心二意。

更多的资讯并不表示更好的投资决定。你需要将自己的判断从大众思维分离出来；聪明并不等同于理性；成功的投资者会将自己超脱于周围大众的恐惧和贪念，做出理性判断。

一位优秀的投资者，只有在获胜概率很大的情况下才会将资金投入股市。巴菲特便是其中的佼佼者。

乔治·索罗斯（George Soros）

索罗斯的投资哲学可以概括成以下两点：

（1）不要第一次就入市太深，从小量开始，如果进展顺利，再加码。炒手们必须从一开始就决定承担多大的风险，这是艰难的判断，但不要一下子就担上太大的风险。

（2）市场是愚蠢的，你也用不着太聪明。你不用什么都懂，但你必须在某方面懂得比别人多。

他在欧洲推销证券的时候，发现德国一些银行手中持有的其他公司股票的市值，居然超过银行本身的股票总价。他推荐买这些银行的股票，这等于银行付钱给你请你免费做公司的股东。"只要知道这点，"索罗斯说，"就是买这些银行股的充足理由。"索罗斯建议投资研究越简化越好。他自己从不在经济研究上花大量的时间，不读华尔街证券行的研究报告。他的投资主意大多来自读报纸。他认为技术图表分析的理论基础太过薄弱，在实践中不能带来恒定的结果。价值分析的理论基础比较强，但也有其弱点，因为变动的股价同时改变基本面分析的结论。

华尔街有一个通行的理论是"充分市场理论"。其意思说，股票的价格在特定的时间充分反映了股票的价值，它包括公司的内部经营和外部大环境。索罗斯认为这一理论根本就是错的。按照这一理论，任何人要获得较大市更高的回报率是不可能的。索罗斯用自己的记录证明了其无效，因为他连续不断地在市场获得较大市高的回报。他自己提出了"反馈理论（theory of reflexivity）"。这个理论的简单解释便是：想法改变了事件，事件的改变又反过来改变想法。比如说投机者们认为美元会升，他们入场买美元，其结果使美元利息降低，刺激了经济，带来美元应该升得更高的想法。用这个理论来解释股市的走势，大家看好某股票，捧的结果使股价升高，升高使更多的人追捧，这就是为何股票走势一旦开始，不会马上结束的原因。

索罗斯的思路极难模仿。他的自传及炒股技术专著《金融点金术》都已有中文译本。华尔街很多行家对其的评论是："那是本好书，但我看不懂。"但他能成为大师，自有其过人之处。按古人的话说，叫"高山仰止"。

需要指出的是，索罗斯将自己成功的秘诀归于"惊人的耐心"。耐心地等待时机，耐心地等待外部环境的改变完全反映在价格的变动之上。

伯纳·巴鲁克（Bernard Baruch）

巴鲁克19岁入行，26岁时"完成学股的初期教育"，35岁赚到第一个百万美元。其后成为多位美国总统的财务顾问，在他的

自传中,他谈道:

"我对所有的炒股规则都抱有怀疑,所以很不愿意多谈。但就我的亲身经历,以下的几点或许能帮助你自律。

(1)除非你能将炒股当成全时工作,否则别冒险。

(2)对任何给你'内幕消息'的人士,无论是理发师、美容师还是餐馆跑堂,都要小心。

(3)在你买股票之前,找出公司的所有资料,它的管理层、竞争者,它的盈利及增长的可能性。

(4)别试着在最低点买股、最高点卖股,这是不可能的,除非你撒谎。

(5)学习快速干净地止损。别希望自己每次都正确。如果犯了错,越快止损越好。

(6)别买太多股票,最好买几只股票,以保证你能够仔细地观察它们。

(7)定期有计划地检查你的投资,看看有什么新的发展可能改变你的想法。

(8)研究税务情况,在卖股时争取最大的税务效益。

(9)永远持有一部分现金,不要将钱全部投入股市。

(10)不要尝试成为万事通,专心于你了解最多的行业。"

杰西·利物莫(Jesse Livermore)

如果评选20世纪最著名的炒家的话,应是利物莫。利物莫已死了半个多世纪,以他的生平写的书《股票炒家回忆录》初版于1923年,几十年来再版无数次,今天还是每位炒手的必读之书。下面让我们欣赏一些利物莫的炒股智慧:

"我很早就发现华尔街没有什么新东西,也不可能有什么新东西,因为股票投机历史悠久;今天在股市发生的一切都在以前发生过,也将在未来不断地再发生。"

"我进场之前就知道我判断正确的时候,我总是会赚到钱。使我犯错的是我没有足够的毅力按计划做,即只有在先满足我的入场条件时才入场。"

"对每天都要买卖的人来说,他不可能有足够的理由和知识使他每天的买卖都是理性的。"

"不顾市场情况,每天以感情冲动进进出出,是华尔街很多炒手亏钱的主要原因。他们试图像做其他工作一样,每天都能拿一笔钱回家。世界上没有比亏钱更好的老师。当你学习怎么做才不会亏钱时,你就开始学习怎么赚钱了。"

"赌博和投机的区别在于:前者对市场的波动押注,后者等待市场不可避免的升和跌。在股市赌博是不会成功的。"

"大钱不存在于股票的日常小波动,大钱只存在于大势之内。因此你需要判定大势的走向。"

"多年的华尔街经验和几百万美元的学费之后,我要告诉你的是:**我赚到大钱的诀窍不在于我怎么思考,而在于我能安坐不动,坐着不动!明白吗?** 在股票这行,能够买对了且能安坐不动的人少之又少,我发现这是最难学的。忽略大势,执着于股票的小波动是致命的,没有人能够抓到所有的小波动。这行的秘诀就在于牛市时,买进股票,安坐不动,直到你认为牛市接近结束时再脱手。"

"我在这行学得很慢,因为我只能从错误中学,犯了错,需要时间去明白犯了错,需要更多的时间去明白为什么会犯这个错。"

"我只在升势的时候买股票,此时我才觉得舒服。我每多进一手都一定较上一手的价格更高。"

"记住，股票从来就没有太高了不能买或太低了不能卖这回事，但进场后，如果第一手没给你利润，别进第二手。"

"一个大走势的起点可能是大户操纵和金融家玩游戏，但大势的持续必有其内在的原因，这内在的力量是不可抗拒的，无论谁怎么反对它，反映这内在力量的大走势一定会从头走到尾。"

"从部分获利中，我学到的不亚于失败。学股初期，在牛市中，我总喜欢股票升到一定地步先获利，等待股票向下回调时再入场。但真正的牛市，回调总也等不到。应该赚 20000 元的，结果我只赚到 2000 元。华尔街有个说法：你只要获利就不会变穷。说法不错，但应该赚 20000 元的牛市你只获利 2000 元，你也不会变富。我现在明白，傻瓜也分层次。"

"对错误的分析应该比对胜利的分析更使人得益。但人们总是趋向忘记所犯的错误，陶醉于胜利的喜悦。犯错不要紧，要紧的是不要将同样的错误犯两次。"

"市场走向和你的期待相反时，你希望每天都是最后一天，你的小亏最终成为大亏。市场走向和你的期待相同时，你恐惧市场明天会转向，你过早离场。希望使你多亏了钱，恐惧使你少赚了钱。然而这希望和恐惧都是人的正常天性。一位成功的炒手必须时时和人类这个根深蒂固的天性搏斗。在希望的时候，他必须恐惧，在恐惧的时候，他必须希望。"

"消化一个人的错误需要很多时间。**人们说任何东西都存在着两方面，但股市只有一面，就是正确的一面。所有的专业炒手都不在乎赚钱或亏钱，他们在乎在正确的时间做正确的事。他们知道利润会随之而来。**"

"一个人必须相信自己才能在这行生存。我从不接受别人的点子或内幕消息。我的经验告诉我,没有任何人的点子或内幕消息能给我比自己的判断更多的利润。"

"我花了整整五年的时间才觉得自己能理智地玩炒股游戏。"

"这是艰难且需要恒心的行业。炒手们要么全心投入,要么很快就从这行消失。"

施瓦格(Jack Schwager)的"市场智慧"

施瓦格是一位成功的作家。他炒过期货,不过其业绩并不怎么样。他以与华尔街成功炒家们的面谈为基础写成的《新市场天才》却是一部炒股畅销书。

在他的《新市场天才》一书中,综合数十位优秀炒家的面谈资料,他总结出41条"市场智慧"。以下是我认为没有和本书重复而且非常值得重视的要点。标题后的解释是我自己做的,请读过英文原版书的人谅解。

1. 确定你对炒手生涯感兴趣

很多人嘴上说对做炒手感兴趣,实际上不是那么回事,其突出表现就是一遇到困难就放弃了。想在任何行业一夕致富是不现实的,除非你靠权力经商。

2. 检查你买卖的动机

你若只想找刺激,云霄飞车可能更合适,也更便宜。

3. 你的交易方式必须和你的个性相符合

有些人买了股票就永不想卖,有些人持有股票超过三天就手痒,你要了解自己的个性。如果交易方法和个性不符,你不可能长久实施这一方法。

4. 你必须有"胜算"

如果你的每次交易都没有超出50%的获胜概率，则无论你怎么努力，胜利都可能是短期且不确定的。你可能严守自己的规则，也有很好的风险控制方法，但你还是会亏光所有的本钱。坦率地问自己："我确有把握吗？"如果你不能确定，通常说明这时你没有把握，你的胜算不超过50%。

5. 找一个方法

无论是短期交易还是长期持有，选择买卖点都是有方法的。什么方法不重要，重要的是要有方法。这一方法必须适合你的个性同时有胜算。你可以用技术分析，用基本面分析，用道氏理论，随便什么都可以，但你一定要有方法。必须指出，总结这一方法是痛苦而漫长的，否则这个世界的百万富翁将多得多。

6. 好的交易方法应毫不费力

一个好的、适合你个性的交易方法应如行云流水般地毫不费力。到时就进，到时就出，一切清清楚楚。如果你对每一个步骤都有怀疑，做起来就很勉强，这个方法大约不是很对。

7. 风险控制

施瓦格说与他所面谈的所有优秀炒家都感到风险控制比所有其他的一切都更重要。因为没有什么方法是百分之百的，你必须避免被一场灾难所淘汰。

8. 自律

成功炒手最常提到的两个字便是"自律"。"你可能听到这两个字超过一百万次，但相信我，它极其重要。"可以从两方面理解这一词：第一，要维持有效的风险控制，你必须自律。第二，要实施你的交易方法，你必须自律。你如果有炒股经历，你就明白要严守自己的规则是多么地困难。我常感叹人为什么容易头脑发热，包括我自己。

9. 独立思维和自信

就不多解释这几个字了，它们很重要。

10. 亏损是游戏的一部分

既然没有什么方法是百分之百的，你必须在市场证明你错误时认错。你必须明白，在炒股这行，小亏损是不可避免的。

11. 耐心

耐心地等待正确的出入场时机，买对了耐心坐等。记得利物莫先生赚大钱的秘诀吗？耐心是赚大钱的条件之一。"**业余炒手因为大亏损而破产，专业炒手因获小利而破产。**"请所有的读者记住这一华尔街的名言。

12. 该出手时就出手

机会来了，不要迟疑，不要太小心谨慎。好机会不是常常有的，不要犹豫不决，该出手时就出手。如果读者嫌这句话俗了，原文的直译是："有时，行动比谨慎更重要。"

13. 发现压力的根源，解除压力

一旦你发觉自己感到有压力，表示某一部分出了问题。就我自己的经验，常是因为被套牢了。这时明智的做法是尽快解脱，直到晚上能睡安稳觉为止。

14. 尊重自己的直觉

直觉是长久实践产生的专业感觉，不是瞎猜。好的会计师一看报表就能感觉到什么地方可能有问题，这就是专业的感觉，炒股也一样。一旦有了几年的经验，这一直觉通常是很有价值的，该出手时就出手。

15. 价格的变动不是随机的，你能战胜市场

金融上的"随机漫步"理论在学术上是成立的。在实践中，优秀的炒手们已经证明例外多得是。希望读者们明白，只要方法对头，锲而不舍，你终能成功。

最后，施瓦格强调：你要为自己的结果负全部责任。也许你的损失源自听取了"专家"的建议，或是你自己的监控系统出了问题，但责任还是在你自己身上。因为"听"或"做"的决定还是自己做的。我还未见过任何一位成功的炒家将自己的亏损归咎于他人的。

第三节　顺势而行

华尔街一直强调顺势而行，英文是"Follow The Trend"；这是炒股成功的关键之一。这个重要的概念必须重复强调；我这里专门写一节以示重视。

大家在股市研究买卖点的技巧，分析各种各样的指标。目的无非是希望获得更高的胜算。但所有的技巧中，华尔街最最强调的是**顺势而行**。顺势而行需要的是买对后安坐不动的耐心。请留意您先要买对，而后再安坐不动。

百年前的炒家罗斯柴尔德（Nathan Rothschild）在股市的赚钱秘诀是这样的："**股市赚钱很容易……如果你真希望知道我在股市赚钱的秘密？那就是我从不试图抄底，我也老是卖得太早。**"你若读得懂老罗这句话的意思应该已经有很多年的股市实战经验！他在说顺势而行，只抓中间这一段；买点在"势"建立之后，卖点是有了一定利润就结账。

底部的时候走势还没有确立，你永远不知道股票会跌多低；

真正的行家通常不在这个时候入场；获利出手的时机比较容易决定，华尔街的建议是让**利润奔跑**；但什么时候获利可以按自己的计划决断。这一切都指向同一个思考方式，那就是买股和坐等时机选择都在"势"之上。

我自己20世纪80年代末在纽约做房地产经纪人的时候，纽约独立的一栋房子的价格在20万美元左右。买家卖家争来争去无非是3000～5000美元的差价。30年后的今天，同样的一栋房子多数要100万美元以上！回过头看看这3000～5000美元的差价实在是微不足道。这30年纽约的房价走升势，在升势的时候什么点都是入市好点，你只要做到顺势而行就一定赚钱。

这30年在中国这块土地上买房子的话更不需多说，什么时候都是好时候。只要买入就趁了势。

在同样的时间段，如果你看到东京的地产在20世纪80年代末热闹无比；跌了一点你赶紧凑一份捡便宜就悲剧了！这30年东京地产平均跌幅超过70%！在这30年中无论你在东京买了什么便宜货，它都变得更便宜！这时候投资东京房地产是逆势而行。逆势而行是投资的大忌。

如果说房地产还有底价的话，房子总有使用价值；除非出现天灾，否则不会完全失去价值。然而股票价格有可能变成零的。2018年的今天，年轻的一代可能很多都没有听说过一个叫胶卷的东西；生产胶卷的柯达公司的股票曾经是道琼斯30股票的成分股！今天柯达已经成为历史的记忆。

讲历史比较容易，回头看看什么都清清楚楚。面对现实的时候，股民们困难的是怎么判断股票的势？请问茅台今天处于什么势？苹果又是什么势？茅台或苹果的股票今天可以买入后安坐不动吗？我如果知道20年后它们都会涨上10倍，我当然可以买入后安坐不动！问题是我不知道！那么怎么操作呢？如何买卖股票那一章做了比较细致的说明。

我们一直强调的止损，其实是配合实施顺势而行这个概念用的；我们买入股票当然希望股价升，我们期望搭上升势的顺风车！我们期望最好的结果，同时也不忘为最坏做准备；我们定个止损价，如果股价的运动和预期不吻合，我们认为过了止损点后势就变了！那时我们就坚决离场。我们不让本金担逆势的风险。

很多股民就算看好了某只股票也要等股价回调才入市；作为一个习惯做法不值得鼓励！股势好的时候可能一个回调都没有，你只有眼睁睁看着股价离你而去。一旦将顺势而行当成策略，就不要去计较入场小差价。

有时一位股民会自豪地宣称自己在最低点买入了股票，在最高点卖出了股票；这当然可喜可贺！但请同时提醒自己，你在逆势操作。

把顺势而行的概念放在心里，每次在股市受到挫折都将其作为判断对错的基石之一；问问自己："我有顺势而行吗？""我这次交易是试图顺势而行还是试图买便宜货？"一段时间下来，就会有不同的心得体会。便宜货不是不可以买，问题是大多数股民并不具备判断股票是否便宜的知识深度；股价是否便宜并没有固定的衡量标准，影响股价的因素很多！所以我建议大多数股民不要以试图买便宜货作为投资策略，还是以"顺势而行"为自己操作的方法。

顺势而行是华尔街绝大多数专家的信仰，已经被时间证明是成功率最高的股市法则，每位股民都应该将它当成自己操作的座右铭。

第六章　从有招迈向无招
——怎样在心理上建设自己

要成为炒股专家，真正直接有用的专业知识并不多，至少比成为一位普通工程师的要求少多了。但要真正地应用这些知识，却是严酷的挑战。

只有在实践中不断重复，直到这些应该有的做法成为你的自然反应，成为你的直觉，你才有了正确的心态，这时你才真正学会了炒股。

这个世界充斥着满肚子幻想，但从不实践的人。也有很多埋头做事，却从不幻想的人。那些满怀理想，又努力用实践来实现这些理想的人少之又少，只有这些人才会是生活中真正的成功者。他们每天都充满活力，为实现理想而努力，不计报酬。因为工作的乐趣已是最大的报酬，他们把每个失败和挫折都当成前进路上不可避免的障碍。从这一点来说，在股票这一行成功的条件与其他行业毫无区别。

在掌握了一定的股票基本知识和炒股经验之后，要想在股票行长期生存，炒股者最不应该忽视的就是自己的心理建设。人性中根深蒂固的恐惧、贪婪、希望影响着我们所做的每一个决定，使我们常常做不到自己知道应该做的事情。要完全克服人性中的弱点是很困难的，但我们首先必须知道这些弱点是什么以及什么是正确的做法。

第一节　炒股成功的心理障碍

要想成为一位成功的股票投资人，你必须做到下述三点：

第一，获得炒股的基本知识。

第二，制订切实可行的炒股计划。

第三，严格按照这个计划实行。

到现在为止，你已具备足够的基本知识来判断股票的走势和股市大市，知道应该怎么选股，怎么决定买入点和卖出点。你已经有足够的知识架构来制订作战计划。

股票的基本知识是死的，学会它相对容易，制订作战计划也并不困难。困难在于怎样从心理上自然地执行这些计划以及在必要的时候修改这些计划。业余和专业炒手的区别就划分在这里。

怎样规划作战方案，决定于个人对风险的承受力，也决定于你预计的持股时间。你如果决定入股后就20年不动，那有一套做法，你可以只选5只股票，每只股票投入你资本的20%，其后就不再看它。20年是很长的时间，5只股票中可能有1只翻了10倍，2只破产没有了，2只不动，但如果这就是你的计划，照做。

对一般中短期的炒手而言，如果你觉得自己对风险的承受力大，可以把鸡蛋放入两三个篮子里，且给较大的止损程度，如25%。如果自己觉得对风险的承受力小，可以选5～10只股票来分散风险，把止损点定在10%或更小。这类选择因人而异，也没有哪种对哪种错的讲法。重要的是你要觉得舒服,觉得你自己控制着情况。有些人可能喜欢将所有的资金只投资一只股票,这也没有问题,但如果因此紧张得睡不着觉,则这方式便不对。

现在我们谈谈为什么一般人总是不能严格执行原定的计划。如果我们对自己和对市场都有完美的了解,要做到第三点即严格按照计划行事其实也很容易。问题是我们通常并不完全了解自己,也不完全了解市场,我们只能"尽力而为"。这就使得我们总是会想办法、找借口来不按这些规则办。因为严格执行这些规则常常刺激我们最软弱的部位——"自我"。它包括对亏钱的恐惧、对认错的抗拒、对不劳而获的期望,以及一夕致富的梦想。

炒股是人类这种动物争夺生存资源的斗争,一切人性都变成赤裸裸的。先谈谈人的情感。人是有情感的,人的情感是心理上对外部条件对自身的受益或损害的反应。这基于我们在生活中的实践,基于我们的价值观念。

恐惧

我们有恐惧,就如同孩童害怕受到火的伤害,恐惧使孩童不敢再去玩火。这是对身体伤害的恐惧。我们害怕战争,因为战争摧毁生命和财产。我们从小教导小孩要"听大人的话","听话"逐渐成为价值观念的一部分,我们认为这是"正确"的价值观。待我们长大后,自己成了大人,我们自然地将"听大人的话"升格成"听领导的话""听专家的话""听权威的话"。小时候"不听话"时所受的责罚使我们恐惧日后不听"上一级"的话会导致的后果。

我们恐惧亏钱,小时候我们用金钱交换糖果、交换衣服,我们知道失去金钱就失去交换这些令人愉快的物质的媒介。所以我们在股市也不愿亏钱,恐惧使我们不能止损。

恐惧是有传染性的。听到战争的时候,人人都充满恐惧,虽然远离战场的普通百姓,受到身体伤害的可能性其实很小,但因大家都恐惧,所以我们也恐惧。在股市上,熊市来了,股民们开始恐惧,我们也随其他股民的恐惧而恐惧。事实是当普通股民感到恐惧的时候,熊市通常已接近尾声。但我们绝没有胆量在这个时候逆大众心理而动,恐惧使我们在应该进场的时候反而出场了。

恐惧有很强的记忆能力。你如果在股市经历了一个可怕的亏损,你将恐惧同样的经历会重新出现。在下次投资的时候,你的判断力就会受到这个经历的影响,任何可能有麻烦的迹象,无论这迹象是多么小,多么的基于想象,你都将做出离场的决定,以避免再次受到伤害。这就是炒手们常常过早离场的原因。应该获利 50000 元的机会,你可能只得到 5000 元。上次你有了赚钱股票以亏钱收场的惨痛经历,你这次要避免同样的伤痛,什么走势、大市、分析等你都顾不得了。

一般的人同样恐惧不随大流。我们这代人都经历了"文革",回头想想,可能觉得自己当年很愚蠢。但身在其中,当时有多少人怀疑批判刘邓的正确性?股市出了热门股,人人都在追捧,你有能力抵抗诱惑吗?你对"未随大流"的恐惧和失去"赚大钱"机会的担心常使你在股票的最高点入股。

贪婪

贪婪是情绪反应的另一极端,它在股市上的表现就是在最短的时间内赚很多的钱。

钱哪里有够的？在日常生活中，你听说过有人嫌工资太高、福利太好的吗？无论得到什么，得到多少，你总会编出理由来证明你应该得到更多。这一方面源自人这种动物对争夺生存资源的自然反应，另一方面源自对自己的无知，对外界的无知，即所谓的缺乏自知之明。在股票投资上，这种情绪是极其有害的。

首先，它会使你失去理性判断的能力，不管股市的具体环境，你无法让钱闲着，你勉强入市。不错，资金不入市不可能赚钱，但贪婪使你忘记了入市的资金也可能亏掉。不顾外在条件，不停地在股市跳进跳出是还未能控制自己情绪的股市新手的典型表现之一。

贪婪也使你忘记了分散风险。"老子这注博大的！"肚子里美滋滋地想象着如果这只股票翻两倍的话你能赚多少钱，忽略了股票跌的话怎么办。新手的另外一个典型表现是在加股的选择上。你买了300股10元的股票，如果升到15元，你开始在肚子里嘀咕：如果当时我买1000股该多好！同时你开始想象股票会升到20元，你即刻多买3000股，把你的绝大部分本金都投入到这只股票上。假设这时股票跌了1元，你一下子从原先的1500元利润变成倒亏1800元。这时你失去思考能力，希望开始取代贪婪，你希望这是暂时的回调，它很快就会回到上升之途，直升至20元。你可能看到亏损一天天地加大，你每天都睡不好。

我不是说加股就是不对的，我是说情绪性地加股是不对的，特别在贪婪控制你的情绪之时。你是否被贪婪控制，自己最清楚。我是过来人，我知道那个感觉。不要编故事来掩饰自己的贪婪。

话又说回来。如果你原先的计划就是先用300股来试市场，你很清楚何时加股，应加多少，情况不对的时候何时退场，你将不会有焦虑失眠等问题。因为部分胜利而引发贪婪，情绪化地用贪婪引导行动，它将引致灾难。

希望

股票不断爬升，你终于等不及了，你进场了，希望股票会继续升。不幸的是，一旦你进场，股票开始下跌，你的账面损失一天天在增加。自然地，你希望股价能回升到你入市的价格，让你全身而退。这种希望是阻止你进行理性思考的障碍之一。

一旦怀抱"希望"，你每天都在寻找对你有利的信息，忽略对你不利的信息。就如同一般人对表扬常记于心，把批评当耳边风一样。你每天都在希望股票做对你有利的运动，而不是客观地判断市场。

希望可以定义成"对某种事物的期待"。成功的投资必须基于对今天和未来所发生的事件对股价的可能影响的理性判断，"希望"在这个判断过程中不应占有任何地位。股票的运动绝不以你的希望为转移，它会走自己的路。别忘了你买的股票都是其他人卖给你的。你有一定的期望，至少有相同的人持有相反的期望。没有理由认为股市对你特别偏爱。每次进的股票开始亏钱，你必须很严肃地问自己：我原先买这只股票的理由对吗？再进一步问自己：如果我今天没有这只股票，手上有余钱，我还会买这只股票吗？如果答案是肯定的，没有卖出的必要；如果不是，那么你在用希望取代理性判断，赶快卖股走人。这样做有两个明显的结果：一是防止小的亏损慢慢累进成致命的大亏；二是你甩掉了包袱，容易开始新的市场观察，寻找下一个机会。

以上我们讨论了三个影响我们做决定的心理因素，是不是就完全了呢？当然不是！

人的情绪是千变万化的。我不是研究心理学的，更深一步的研究我们留给心理学家。但我可以这么说：这三个心理因素影响炒股而犯错误达99%以上。了解了这些心理因素，我们就有了借鉴的根据，为什么我们订好了计划，在执行中总是会出偏差？为什么我们会犯那些事后回想起来觉得不可思议的错误？这些错误如果严格执行原定计划的话是完全可以避免的。摔了跤，我们首先要明白为什么摔跤，是踏到香蕉皮还是踩到西瓜皮？其后我们才知道该采取什么措施来防止再摔同样的跤。

第二节　心理训练

可以说，这本书所讲的一切规则都是要帮助你克服这些影响炒股成功的心理障碍。你如果将自己训练到完全克服了这些心理障碍，你就根本不再需要这些规则，它们应自然地、随心所欲地发自内心。此时，你便从有招的业余选手进步到无招的炒股高手。但这条路是艰苦漫长的，你不仅需要战胜自然——学习炒股的知识，你还要战胜自己——克服根深蒂固的恐惧、希望和贪婪这些先天性的心理障碍，并逐渐养成正确的心态。

什么是正确的心态

要成为炒股专家，真正直接有用的专业知识并不多，它比成为一位普通工程师的要求少多了。但要真正地应用这些知识，却是严酷的挑战。因为这些知识并没有严格的对错之分，其对错因人而异。人作为有智慧的动物，它的特性之一就是学习的能力。

无论是炒股知识还是怎样应用这些知识,都是可以学习的。对易者,它们很容易;对难者,它们很难。你需要具备一定的素质,要有正确的心态。这些素质和心态是一般人或多或少都具备的,但具备并不够,要完美。具备只能使你有时赚到钱,只有完美了,你才会有信心不断赚到钱。这些正确的心态至少包括以下几方面。

1. 你要相信自己

自信是在任何行业成功的首要条件。你自己都不相信自己,在困难面前你会马上打退堂鼓。相信自己的能力,相信自己能够学习所需的技能且在实践上获得成果。

2. 诚实地面对自己,评价自己

无知的狂妄自大是做人失败的主要原因,失败的投资者大多认为股市欠他们什么!他们太相信自己的判断,事实和想象往往有段距离。

3. 独立的判断能力

不要人云亦云,不要大家都追捧热门股,你也追捧热门股。要用自己的经验和直觉评价一下热门股后面的理由是否站得住脚。当面对不同意见的时候,静心地思考一下对方的理由。

4. 自我督促

这行业也是多劳多得的行业,但多劳多得是长期而言,短期来说,你的努力不见得能得到和努力相匹配的结果。当成果和努力不直接挂钩的时候,一般人总是会松懈下来,这是要不得的。要想在任何行业成为专家,你都必须锲而不舍地努力。

5. 改变的能力

股票的特性在于它没有恒定的运动规律。你订好炒股计划后,必须随时观察你的计划的实施效果及这个计划是否符合你本身的风险承受力。必要时，修改你的计划。比如你原先决定只买 2 只最有潜力的股票，但你发现资本太过集中，晚上连觉都睡不好，这时你就必须摊开风险，买 4 只或 5 只股票，直到晚上睡得好为止。

6. 热爱你选择的行业

你如果把炒股当成成名致富的捷径，你就犯了极大的错误。你必须热爱炒股所提供的挑战，享受你的每一个进步，在工作中得到乐趣。金钱仅仅是副产品。否则，你会失望的。

以上六点是针对炒股写的。其实，想在任何行业成为专家，你都必须具备类似的素质，养猪种菜也不例外。否则你就是庸庸碌碌混日子。

在炒股这行，由于金融市场的快速多变，对这些素质的要求便显得特别突出。没有自信，你对犯错的恐惧迟早将使你失去思考和做决定的能力。不拥有独立的判断力，随大流人云亦云，你迟早会发现自己是股票投资的失败者。不诚实地面对自己，你的决定将基于希望而不是事实。最后，你如果不是热爱这个行业，只是追求金钱，你很快就会发现炒股是多么的单调无趣，钱来得也远不如你想象的容易。你很快就会举手投降。

怎样养成正确的心态

一位成功的炒手，必须具有正确的心态。你已明白必须建立规则，按照规则执行你的炒股计划。你知道必须相信自己，要独立思考，要自我督促，这些都是要努力控制自己并强迫自己去做的东西。只有在实践中不断重复，直到这些要求成为你的自然反应，成为你的直觉，你才有了正确的心态，这时你才真正学会了炒股。

你必须学习体会：按规则行动是愉快的，不按规则行动是痛苦的。刚学止损的时候，亏钱总是痛苦的，不然怎么称为割肉？随着时间的推移，你经历了小损成为大损的过程，其间的焦虑、怀疑、失眠，一次又一次，你就逐渐形成快速止损的心态。开始时定下的止损规则显得难以执行，慢慢地成为下意识的行动，一旦股票运动不对，不采取行动就寝食难安。这个过程，就是你学股的成长过程。

炒股需要很多和人性逆向而行的心态，这种心态首先你必须明白它！比如不愿止损、喜欢不顾外在条件在股市跳进跳出、好获小利等。明白了问题之所在以后，你必须下意识地训练自己不犯这些错误。就算犯了，告诫自己下次别犯同样的错误。为做到这些，你要观察，要反省。

观察市场，用你的知识及经验判断市场的行动及发展，做到这点的基础当然是你必须有一定的市场知识和经验。随着时间的推移，自然地，你会"感觉"到市场下一步的"方向"何在。潜意识中，你会听到一个声音："现在是买进的时候"，或者"现在是卖出的时候"。这时你开始将这个声音和你的规则相比较。你若想买进某只股票，你开始问：这只股票处在升势吗？这家公司有没有新产品？股票的大市是牛市还是熊市？这只股票的价格变化和交易量的互动是否正常？你问自己内心中"买"的声音是源自"自以为是"还是客观的判断。

每次犯错，好好地分析自己为什么犯错，违反了什么规则？人犯了错，自然的情绪就是寻找替罪羊：如股票大户操纵、报纸登假新闻、公司做假账等。这些其实在股票的运动和交易量上都有迹可循。请清楚地提醒自己：自己，也只有自己，才能对结果负全部责任！犯错不可怕，可怕的在于不承认自己犯了错，炒股是这样，做人何尝不是这样？

炒股的正确心态还必须包括专心。你要专心研究股市的规律，这需要实践，只看几本书是不够的。就如同游泳，无论你读了多少游泳的书，不下水是不成的。专心地观察股市，它是公众参与的行业，是有迹可循的。特别留意自己熟悉的股票，一段时间后，你会发现心里"买"或"卖"的声音越来越精确。

给自己这样的信心：只要我全力以赴，专心致志，我什么都能学会。你对这行了解得越多，从中得到的乐趣也越多。俗话说知识是享受，股票的知识也不例外。而且这些知识除了精神享受之外，还能提供财务上的收益。

专心是在任何行业成功的基本要求。股票是极其普通的行业，用不着很大的资本，也没有很多专门的知识。千千万万人都在这行打滚，你要做得比他们更好，凭什么？普通人每天工作八小时，你也工作八小时的话，你只会是普通人中的一员。想比普通人站得更高，看得更远，只有依靠八小时以外的努力。

享受你所做的一切。这或许听来很奇怪，但这是事实。你一旦把炒股当成工作，它就变得单调、辛苦。看看你的周围，有多少人能说享受自己的工作？大多是为五斗米折腰，一天天混日子罢了。你如果每天都告诉自己："我从炒股中得到很多乐趣"，你的心态就会不一样。这不是阿Q精神，试试就知道区别了。把工作当成享受，你会更专心。我所见到的大多是玩股的，把炒股当成业余消遣，这些人永远都达不到专业的层次。

读了这么多，不去做的话，什么用都没有。这个世界充斥着满肚子幻想，但从不实践的人。也有很多埋头做事，却从不幻想的人。那些满怀理想，又努力用实践来实现这些理想的人少之又少，而只有这些人才会是生活中真正的成功者。他们每天都充满活力，为实现理想而努力，不计报酬，因为工作的乐趣已是最大的报酬，他们把每个失败和挫折都当成前进路上不可避免的障碍。从这一点来说，在股票行成功的条件与其他行毫无区别。

再看看你周围那些空虚的眼神，那些埋怨"我还没有碰到机遇""我这匹千里马未遇到伯乐"的"怀才不遇"者，几乎毫无例外地成日怨天尤人，搬弄是非。这些人要么从来就没有理想，要么从未想过通过努力来实现自己的理想。所有的理想随着时间的推移而消失。他们充满着对自己的不信任和深深的不安全感。

要成为哪种人？选择是很清楚的。从今天开始，从现在开始，给自己定个可行的目标，订个实现这个目标的计划，坚定不移地按计划做。只要锲而不舍，你迟早能达到这个目标。锲而不舍很容易学，也很容易教别人怎样做，自己做起来可辛苦得很，但它所能获得的结果将是惊人的。

还要提醒你，在你成功之前，你会碰到很多嘲笑你的人。嘲笑别人很容易，要自己做出一些小的成就却非常困难。我发现那些喜欢嘲讽人的人几乎没有例外是生活的失败者，碌碌无为的混日子者。对这些人的嘲笑，你必须能一笑置之。

最后我要告诉你，从有招到无招的变化过程需要时间，这个时间比你希望的要长很多。你如果有不错的悟性，要5～6年。

我在美国就读的商学院叫巴鲁克商学院。巴鲁克（Baruch）便是20世纪30年代著名的炒家。从华尔街赚够钱后成为罗斯福总统的财经顾问。他自传的前半部分讲的便是他的华尔街生涯。他父亲是位著名的医生。他刚进华尔街，父亲给了他10万美元，那时候可是一笔巨款。可这10万美元只撑了三年。他告诉父亲已亏光10万美元的时候，期待父亲的狂怒。但他父亲并没有狂怒，只给了他信任的目光，又给了10万美元，告诉他这是家里最后的资产了。在第六年的时候，他第一次一笔赚到6万美元。在自传中，他说他明白自己从此完成了炒股的初期教育，他不再是"妄想"在华尔街生存，而是"知道"能在华尔街生存。他在自传中充满着对父亲的崇敬。在本书"华尔街的家训"那一章，我摘录了他对炒股的10点建议。

20世纪初的另一位著名炒家利物莫（Jesse Livermore），也说他用了五年时间才学会怎样理智地玩股票游戏。

在本书的最后一章"和炒手们谈谈天"里我会较为详细地谈谈学股经历的几个过程。从什么都不懂到有信心不断地从股市赚到钱，我也用了超过六年的时间，那还不算我业余炒股的经验及金融硕士的知识背景。所以，你要准备"长期抗战"。

第七章 抓住大机会

20世纪末的大炒家、今天已升格成慈善家的索罗斯，是这样披露他的赚钱秘诀的："经济史是一部基于假象和谎言的连续剧，经济史的演绎从不基于真实的剧本，但它铺平了累积巨额财富的道路。做法就是认清其假象，投入其中，在假象被公众认识之前退出游戏。"

股票时不时会发股疯；股疯给了一般股民一个升级到"慈善家"的机会！因此，有关投资中的"疯"的话题，自然是难以回避的。而且本章从内容上来说，是对前面几章综合性的总结。

第一节 "疯"的故事

在你的生涯中，通常会碰到不少大大小小的"疯"。从20世纪90年代初中国的股"疯"，更早之前的邮"疯"，到下面介绍的"疯"故事，你会发现"疯"也是人性的特质。如果你能抓到一个这样的"疯"，你的生活就能有"量变到质变"的变化。要真正想在炒股中赚到大钱，就必须有能力认识这种"疯"，投入其中，在假象被公众认识之前退出游戏。

南海泡沫

经济史上最著名的三大疯案分别是：南海泡沫（south sea bubble）、荷兰郁金香（tulip mania）和密西西比狂（Mississippi bubble）。任何讲经济史的书都有这三个故事的详细描述，为节省篇幅，我这里只讲南海泡沫的故事。

18世纪初，英国人相信一个有极大增长机会的地方，是与南美洲和南太平洋的贸易。1711年，南海公司在英国注册，它获得英国政府所给的专营当时为西班牙殖民地的南美洲和南太平洋的贸易权。取得这一专营权的条件之一，是该公司要负责部分英国国债。但当时的西班牙政府不允许这些殖民地和外国人交易，南海公司仅被允许做奴隶运送的交易，且每年只准运一船，利润还要和西班牙政府分成。这样，从一开始，南海公司让其股票购买者们想象的大笔黄金和白银会从南美洲源源而来的许诺就是骗局。但人们总期待西班牙总有一天会开放贸易。公司就这样不死不活地撑了几年，股票也没有大的起伏。

这样不死不活地撑着总不是办法。到1719年，南海公司的董事们重新找上英国政府，建议用南海公司的股票来偿还给英国国债的持有人，最终建议全英国的国债都用南海公司的股票偿还。英国政府一一接受，因为它乐于见到国债能用这样的方法偿还。

要使这样的运作成功，就必须使南海公司的股票不断攀升。因为公司的利润有限，唯一的渠道就是不断散布西班牙政府会开放贸易的谣言。其间民众听说西班牙政府已经同意南海公司在秘鲁开辟一块营运基地等。黄金白银从此将从南美滚滚而来的美景占据了每位股票持有人的想象。

到1720年9月，南海公司的股票达到每股1000英镑，在半年间升了8倍。一夜横财的故事总是那么的吸引人。当时,社会风气发展到不拥有南海股票就跟不上时代潮流的地步。在最高潮时,南海公司的股票总值是全欧洲(包括英国)现金流通量的5倍!

随着股票的一天天增值,许多人放弃了工作投身股市。还有什么比又容易又快速来钱更使人着迷的呢?贪婪是没有止境的。股票上市来钱是如此容易,各种各样的公司都试着将其股票向大众推销,其中有专营从西班牙进口翠鸟的,有专营人类头发买卖的。一位伦敦的印刷工人登记了一家"正进行有潜力生意"的公司,虽然没有人明白该公司到底做的什么生意,他还是在6小时之内卖出了2000英镑的股票。要知道2000英镑在当年是笔巨款。这位印刷工人当然就从此下落不明了。那些没能尽早买到南海股票的民众,生怕失去碰到下一个南海公司的机会,纷纷把大把大把的血汗钱投入到这些莫名其妙的公司。

回头想想,人们会嘲笑当年的民众真是疯了。当年也不是没有头脑清醒的人,但他们太早了一步,他们指出这个泡沫会破灭,但市场用不断升高证明他们论断的错误。开始还有人听听他们的警钟,随后便嘲笑他们的短视。骗案层出不穷是所有"疯"到了晚期的特征之一。陷入疯狂状态的民众是行骗的最好目标,他们失去了最起码的警惕。此时骗局不仅限于小人物,南海公司的董事们一方面大量行贿英国政府官员,另一方面眼红其他大小骗子把原可用来支撑南海股票的资金吸走,开始指出这些公司的骗局。但结果使民众怀疑南海公司是否也是这样的骗局。

在一个月内,民众的感觉发生了180度的转变,他们开始怀疑西班牙政府是否真会给南海公司想要的交易权。在9月底,股票从月初的1000英镑跌到129英镑。许多投资者破产。那些接受南海公司股票做抵押、贷款给投资人炒股的银行一间间倒闭，英格兰银行（Bank of England）也仅以身免。

另外两宗疯案也十分有趣，我建议读者去找来看看。给我印象深刻的是，在荷兰郁金香狂热的后期，有位客人在主人家看到一枚洋葱，便将其炒来吃了，后来发现这枚"洋葱"原来是一种稀有郁金香的球茎，市值两幢房子加一辆马车。

佛罗里达的土地疯

佛罗里达州位于美国的东南端靠近古巴的地方。佛罗里达的气候有些类似中国的海南岛，冬季温暖湿润。传统上，来自纽约等酷寒地带的美国有钱人喜欢在冬季到佛罗里达的棕榈海滩等地避寒。第一次世界大战后，这里已成为一般民众的冬天度假胜地。

佛罗里达给人们一个轻松的环境，提供了在酷寒中劳作的东北部居民一个短暂逃避的场所。而且佛罗里达的土地均价较美国其他地方低得多，它自然地成为美国人买个冬天度假屋或买块土地日后定居的理想场所。随着需求的增加，土地的价格开始慢慢上涨。

从1923年至1926年，佛罗里达的人口大增，土地的价格升幅更是惊人。如果说土地升值有其坚实的经济基础，那么"疯狂"就源自"贪"。有故事说，几年前有人用800美元在迈阿密海滩买的一块地，在1924年卖了15万美元。附近有块在1896年仅值25美元的土地，在1925年卖了12.5万美元。

这种一夜横财的故事最为人们所津津乐道。

当时，美国的经济蓬勃发展，土地的价格也很低。很快，在迈阿密近海的200公里地段，各种建设项目如雨后春笋般矗立。沼泽地的水抽干了，铺上新的道路。每个人都在谈论土地的供应如何有限，人口增加如何快速，这片阳光地带的土地如何很快就将被抢购一空。

有限土地的事实带给人们想象上的危机，今天不买，明天就买不到了！土地的价格节节暴涨，最后达到超出想象力的地步。

1925年，迈阿密市只有75000人，其中有25000个地产经纪人，超出2000家地产公司。按比例而言，无论老幼，每三位居民就有一位专做地产买卖。在1926年，有报道说一位地产炒手怎么在一个星期内将本金翻了两倍。赚钱的故事总是传得飞快。人们买土地不再是为用来居住、建厂房或其他实用的目的，买土地的唯一目的就是怎样转手谋利。当时买土地的定金是10%，土地价格每升10%，炒手们的利润便是100%。开往迈阿密的火车、轮船上，挤满了做发财梦的美国人。随着迈阿密海滩附近的地价飞涨，附近沼泽地的水被抽干，一块块地投入市场。面对着似乎无穷尽的土地供应，发地产疯的民众开始清醒。

但在疯狂的时刻，特别是某人如何一夜暴富的传言绘声绘色地广为流传的时候，人们很难保持清醒的头脑。炒股好手利物莫（Jesse Livermore）也参加了这一游戏，他也认为佛罗里达的土地价格会继续上涨。别忘了，他当年在金融界的地位就如同今天的巴菲特。

银行通常是保守的，其贷款主要是按借款人的还贷能力而定。但随着土地价格的不断升高，银行也抛弃了这一原则，他们批准贷款不再看借款人的财务能力而专注于土地的价格。银行不是忘了行规，但你不做生意，其他银行抢着做。

所有的疯狂都有梦醒的时候。随着沼泽地一块又一块投入市场，新进的资金不够支撑土地价格的不断飙升，那些财力不够雄厚的炒手首先被贷款压垮投降，银行只好收回土地到市场拍卖，这些土地又带给市场新的压力。转眼之间，银行对买地者要求远超 10% 的定金。人们不再讨论只升不跌的佛罗里达地产。当然，新的买主即刻消失，只余下一间又一间倒闭的银行。

笔者也曾在 20 世纪 80 年代末作为地产交易经纪人加入售卖佛罗里达地产的行列，沐浴佛罗里达的暖风，公路旁的沼泽地一如 60 年前一望无际。不远处就是先辈利物莫（livermore）常去钓鱼的大西洋。斯人已逝，蓝天白云依旧！有一天接到一个电话，一位女士在 30 年前用 5000 美元买了块地，她想把土地脱手。我告诉她大约能卖 7500 美元。她说算上利息，她亏大了，不肯卖。差了半个世纪，佛罗里达的地产似乎没有变样。

以下再讲个发生在近期的故事。

20 世纪 80 年代的科威特股疯

20 世纪 80 年代的科威特股疯是现代金融史上的大笑话。1976 年和 1977 年间，科威特的股票市场如同晚期癌症病人般萎靡不振。政府使用售卖石油的巨额收入来维持股市，以政府的名义大量收购股票。卖石油的钞票来得容易，政府希望没有一个国民因为在股市亏钱而对政府心怀不满。

真正的股疯开始于 1980 年。当民众看到政府如何保证股民炒股只赚不赔时，他们开始如苍蝇闻到臭肉一样涌进股市。由于官方的证券交易所只列有 90 只股票，投机活动大多集中在店头市场（Over the Counter）——或称非官方交易所，它坐落在往日拍卖骆驼的旧房子内。

科威特的一个金融旧俗使得股疯的形成不可避免。在科威特，股票投资者可以用远期兑现支票来购买股票。从法律上说，支票拥有者可以随时要求付款，而不是依照支票上的兑现日期。但这样做违反了阿拉伯人的"诚信"，几乎没有人是这么干的。到1980年为止，科威特还未有破产的案例。自然，投机者看到股票价格每个月以10%、20%，甚至高达50%的速度上升，虽然银行账户上没有钱，他们还是开出远期兑现的支票购买股票，他们知道支票到期时能够把股票卖掉兑现，政府不会让他们亏钱的。

这个凭空出现的购买力如同把汽油浇到火中，股市冲天而起。投资股票的投资公司一家家开张，还有专门投资这些投资股票的公司的投资公司。他们都到店头市场交易，每家投资公司的价格都升到远超其本身的资产价值。

疯狂的最高潮是1981年年初，有些股票每月升幅超过100%。科威特的股市总值从50亿美元膨胀到1000亿美元。

场外交易的店头市场中的很多股票甚至不是在科威特登记注册的。它们的注册地有些在巴林，有些在阿拉伯联合酋长国。这些公司不受科威特法律管辖，一半的公司甚至没有年度报告。从法律上讲，只有科威特的国民才能够买科威特的股票，附近巴勒斯坦、埃及、巴基斯坦等地的投机客就通过科威特的人头进入科威特股市。

科威特是波斯湾各国的金融中心，股疯难免传染到附近区域。附近有个叫沙介（Sharjah）的地方，当地发了石油财的财主们决定发展房地产。不幸沙漠边上的房子无人问津，空空的大楼让他们愁死了。科威特的股市给了他们灵感。他们把其中一家旅馆改建成医院，以"海湾医学中心"的响亮名字将这些房地产上市。这些新股立即得到2600倍的超额订购。整整一个星期，每天都有一两架飞机将订购单送到"海湾医学中心"的发股商——沙介银行（National Bank of Sharjah）那里。由于订购单太多，沙价银行聘请了40位埃及的学校教师帮忙登记。"海湾医学中心"的股价在科威特的店头市场升了800%。

对那些瞠目结舌的西方金融专家，科威特人会教导他们："别用你们的眼光来看我们的股市，这里的情况和你们不一样，我们有自己的特色，政府不会让股市崩盘。"

有八位自称"轻骑兵"的年轻人共开了550亿美元的空头远期兑现支票。其中一位叫佳欣·木太华（Jassim al mutawa）的邮局职员，才二十几岁，一个人就开了140亿美元的支票。他的弟弟拉吉·木太华（Najeeb al Mutawa）从不登记开出多少支票，最后发现他的空头数目达34亿美元。

气球终于在1982年胀到顶，刺穿气球的针头有三支：第一支，是由于石油价格的下跌，科威特1982年的石油收入只有1980年的1/4；第二支，是新的财政部长表明政府不可能继续支持这病态的股价；第三支，终于在1982年8月20日，一位忐忑不安的佳欣·木太华的支票持有人在支票兑现期之前要求付款。虽然这不合习俗，但完全合法。结果不难想象，佳欣根本就没有这个钱。气球即刻爆炸！几天之内，千百位投机客在空头支票面前举手投降，股市崩溃。上述"海湾医学中心"的股价跌了98%，只剩发行价的1/6。9月，科威特财政部要求所有这类可疑支票全部清账，总数达900亿美元，远超科威特的全部外汇储备。

中国的"疯"故事

上面的故事都是外国的,中国有没有类似的疯故事呢?

早年我在美国读到有关中国的邮票疯的报道,一张毛主席和林彪在天安门城楼检阅红卫兵的邮票被炒到4000元人民币。清朝的大龙邮票被炒到上百万我不奇怪,因为全世界仅存一枚。而毛主席和林彪检阅红卫兵的邮票我自己都用过,那是"文革"期间最流行的邮票之一,4000元是当年普通职工一年以上的工资。如果不是期待比你更傻的傻瓜会用比4000元更高的价钱让你脱套,你会买这张邮票吗?为什么不去箱子底下找找旧信封,或许你会找到好几张这样的邮票。

炒过玉石吗?炒过藏獒吗?看看周围,类似的疯故事总是不断在我们周围上演。前段时间我看到报道,曾经身价数百万的藏獒,在有些地方变成了肉狗,狗肉论斤卖。

第二节 "疯"故事解剖

与上述故事类似的疯案无日无之,大小程度不同罢了。读者们或许要问:这类的故事很刺激,也很好玩,吃饱饭后聊大天是好材料,和炒股有什么关系呢?如果你读到这里,想象不出这些故事的含义,你还要多多培养自己的悟性。但若你闻到了铜腥味,那你在炒股行大有潜力。

每个故事,都是气球从吹胀到胀破的过程,时间可能是几个月,也可能是几年,但所有的气球都一样。气球吹胀的初期,气球后面一定有一个动人的故事,提供给人们无穷的想象。发财的希望,促使投资大众开始投入。如果是股票,表现就是成交量增加，股票价格升高。随着股价的升高，它吸引更多人的注意。有些人忍不住了，将升值的股票脱手获利，另一些股民乘回调入市。每一个更高的波浪都带动更多的贪婪心理，吸引更多的股民加入。股票将节节升高，这就形成了所谓的升势。在气球破碎之前，通常是疯狂到极点的时候，股票可能在数天内暴涨一倍或更多，股友开始盲目入货，生怕明天的狂升失去自己的一份。

第三章第三节"认识股票的正常运动"描述了大概过程。细细品味一下气球从吹胀到胀破的过程及其间民众的心理过程，你对怎样炒股会有全新的认识。

"疯"的特性

以下让我们总结一下"疯"的特性：

（1）可信的想法、概念或产品，能提供快速的增长，带来巨额的财富。

（2）社会游资甚多，或通过某些方式"创造"出游资。一旦这些资金集中在某个领域，必定带来滚雪球效应。

（3）这个想法必须具备既简单又复杂的特性。简单到普通民众能"觉"得是个好主意，但必须复杂到很难用事实证明其对错。否则气球吹不起来。

（4）有人赚到钱！没有什么比轻松和快速来钱更能吸引普通民众，它传染的速度远超过瘟疫。

（5）气球胀到一定地步，有"专家"背书：这气球会继续胀。这些"专家"通常是偶像人物，代表智慧、权威、信赖。民众相信自己在模仿成功人士。

（6）气球胀的时间比常人想象得更久。最初指出气球会破的人随着气球的不断胀大而被嘲笑。

给读者一个作业:把上述的三个故事用"疯的六大特性"总结一下。

让我们分析一下20世纪90年代初中国的股疯。

20世纪90年代初,中国经历了第一次股疯,股票涨了几十倍。深发展面值1元的股票被炒到80多元。豫园商场100元面值的股票,1992年5月涨到10500元。今天回过头来,我们感叹股市的神秘莫测,其实它也一样有迹可循:

(1)股票对中国老百姓来说是新概念。

(2)社会的游资很多,很多人是用国家资本炒股。当时游资也没有什么宣泄的渠道,形成"十亿人民九亿股"的局面。

(3)股票这玩意既简单又复杂。一般老百姓都知道股票,但股票真正是什么东西?它有什么规律?知道的人大概就不多了。

(4)有人赚到钱。当初刚开始发行股票时,大家都有疑虑。常是领导动员大家"支持祖国的股票事业"。一旦民众听到5000元变成50000元的故事,股市开始沸腾。

(5)人人都说股票不会跌,国家会支持,中国的国情和他国有别,街头巷尾的"炒股专家"都认为股票会不断升。

(6)最初认为股市"疯"了的人被嘲笑为没胆量、傻瓜。

所有的"疯"都有类似特性,请读者们自己找机会归纳一下。下一个"疯"是什么?谁也不知道。但我可以肯定它一定还具备同样的特性。

若从历史回顾,每一个疯故事通常都有特别的历史背景,代表了一个特别的历史阶段;作为股票炒手,我们不需要在历史问题上纠缠,但认识是否大时代的能力还是需要的。南海泡沫发生在大航海时代，利物莫（Jesse Livermore）身处大建铁路时代；再以后还有收音机时代，电视机时代。

如果您生活在20世纪30年代的中国，时代的召唤是打破旧世界；那是个从军的时代。您若跟随毛泽东上井冈山，您当对兵了，您有机会成为开国功臣。股票术语就是您买对了原始股。

您若生活在20世纪90年代的美国，那是互联网兴起的时代，是信息社会兴起的时代，您投资互联网的公司就是加入大时代，成为其一员，您有可能获得巨额的回报。有些老式的投资人如巴菲特坚持不投资不懂的东西，那也是一种选择，就像大革命时代留在老家种地也是一种选择；但我们看到的是巴菲特在股票投资上失去了一些大机会。

"疯"故事新编

让我编一个"长生不老疯"的故事。

2050年，永生集团赵主席宣布通过多年研究，发明了返老还童药"一灵散"。据研究所的钱教授通过科学鉴定，"一灵散"具有某种什么素，可以和人体的什么酸发生反应，去除细胞的什么基。这个基导致了人体细胞的老化。随着这种基的不断减少，细胞越变越年轻。

开始老百姓都觉得好笑："又来了一位卖假药的！"但很快永生集团又宣布美国的孙博士通过高分子实验，证实了这个科学过程。同时，赵主席宣布此药已开始申请美国专利。在公司公布的资料中，有几十位服用过"一灵散"的人现身说法：自从服了该药，他们皱纹减少了，皮肤弹性增加了，体质明显变好了。以前走路困难的九十老翁，今天已能慢跑，且有照片为证。广告铺天盖地而来。

反正药并不贵，开始有人试试，味道也不错，公司的业绩开始上升。据公司公布的财务资料显示，"一灵散"的销售额以每季度500%的速度上升。永生集团的股票开始活跃。

一年以后，永生股票的价格已从每股1元升到8元。这时报纸上登出赵主席和已退休的前李副委员长合照的相片，还附有前李副委员长的现身说法：自从服了"一灵散"，体力大增，精力旺盛。持有同样说法及有照片为证的有著名的周影星、吴大导演、郑歌唱家、王院士，他们都是人所共知的知名人物。股票在一星期内由8元升到15元。这时"一灵散"成为大家谈论的焦点。炒股票的人不拥有永生股简直就被认为跟不上潮流。"一灵散"成为送礼佳品。永生股票升到30元。

两个月后赵主席宣布：欧、美、日已开始考虑给"一灵散"专利，永生集团准备在全世界开设分公司，将"一灵散"这一将造福人类的发明推向全球。永生股票狂升到80元。虽然有报道说赵主席不断将自己的股票脱手，但他说是为"一灵散"走向全球准备资金。著名的股票评论家古博士在电视上发表看法：永生股票有升值到1000元的潜力，他看好后市。这时人人都争当永生集团的股东，股价升到200元。

看到永生集团的"一灵散"有如此强的吸引力，永进集团宣布推出"二味膏"。它通过七位生物化学教授的多年研究，具有减缓细胞衰老的功能。永进集团的股价暴升。永发集团宣布推出能提高智商、增强记忆的"三仙素"。电视里有林同学为证。林同学考了三年大学都失利，自从用了"三仙素"，一击就中，现在交通大学就读。永发集团的股价大涨。

有一天，食品药品检验局突然宣布"一灵散"的专利暂不批准，需要更多科学证据。这时永生股票已升到400元，消息见报当天，股价由400元跌到300元！但赵主席随即宣布：公司已准备提供新的材料给检验局，这些材料准确无误地证实了"一灵散"的功效。股价由300元升回320元。

又过了一个星期，永生集团的黄技术员向报刊披露："一灵散"根本就没有可靠的实验数据，什么科学根据尽是广告宣传。赵主席随即指控黄技术员因要求加薪未遂，肆意诬告。但大家心中开始怀疑，永生股票跌到150元。

又过了三天，食品药品检验局正式通知"一灵散"科学证据不足，不允许作为药品宣传出售。永生股票狂跌到10元。永进、永发的股票也都跌到历史最低点。

不要以为同样的故事不会发生在现实生活中。这个故事的原型脱胎自20世纪30年代上海滩名人黄楚九及他的杰作"艾罗补脑汁"。黄楚九原是默默无名的中医，他用几味中药制了糖浆，利用当时国人的崇洋媚外心理，请了位洋混混挂牌照相，说是艾罗博士的发明，功能是补脑提神。几年之间，靠他一流的推销手法，居然使"艾罗补脑汁"风行大江南北。他自己也就从穷小子升格为"慈善家"。老一辈的上海人都应熟悉他的故事。

作为股票炒手，我们无从追究"一灵散"的真假，或许是真的也说不定，重要的是怎样操作永生集团的股票。当股票从5元→10元→20元时，股票的价格和交易量应有什么样的特点？当股票从400元跌到300元时提供给炒手们什么信号？请复习一下第三章第三节"认识股票的正常运动"那一段。如果你能在20元时入股，300元时离场，那你已基本掌握了炒股的艺术。

如果重复也是教育的一种的话，让我们重复一下索罗斯赚钱的秘诀作为这章的结尾："**经济史是一部基于假象和谎言的连续剧，经济史的演绎从不基于真实的剧本，但它铺平了累积巨额财富的道路。做法就是认清其假象，投入其中，在假象被公众认识之前退出游戏。**"

第八章　善战者无赫赫之功

孙子曰:"善战者无赫赫之功,故善者之战,无奇胜,无智名,无勇功!"

这句话意思说会打仗的将军,不担大风险,不耍小聪明,不呈匹夫之勇。结果是会打仗的将军往往没有值得夸耀的战绩。孙子兵法的这一说法不仅适合军事战场,对股票交易也有特别意义。

善战者无赫赫之功,曾国藩是这个说法的代表人物之一;他率领湘军剿灭了太平天国。我们这里不探讨那场战争的性质;只看一下曾国藩是怎么打仗的!事情发生在一百多年前,记录很完整,详细到曾国藩晚餐吃了什么。历史学家几乎找不到曾国藩打过"大胜仗"的记录!他用"结硬寨,打呆战"的方式,集小胜为大胜,一步步将太平天国逼上死路。"结硬寨"就是深壕高垒保护自己,尽量先不受损失;"打呆战"就是不心存侥幸,不投机取巧,有多少实力打多大的战。在满清成为以文人而封"武侯"的第一人。曾国藩进士出身,《孙子兵法》读到滚瓜烂熟,真正实践了"善者之战,无奇胜,无智名,无勇功"。

战场上杀敌一千,自损八百;故善战者不求杀敌盈野,但求不战而屈人之兵。股市上想一把赚100%,得准备一把亏80%;故善炒股者不试图一把豪赌将本金翻倍,而试图在不怎么亏钱的情况下让资本不断增值。**善战者集小胜为大胜；最后完成战略目的**。**善炒股者集小赢为大赢，最后达成财务自由**。殊途同归！这些话是我自己专职炒股多年，付出惨重学费之后才有的深刻体会。借用利物莫的话，亏掉几百万之后，我想告诉您的是：**善战者无赫赫之功**！

那些靠轰轰烈烈大搏杀胜出而出名者后果常常不妙；一场大搏杀取胜后自然而然地寻找下一场大搏杀，直至踩到地雷将所有胜利品全部奉还！您可以连续 5 次 100% 的赚，只要一次亏 100% 就被清干净了。最好的例子就是我们熟悉的先辈，炒股的天才利物莫（Jesse Livermore）。他以豪赌名扬天下，以他的投机生涯为蓝本的《股票炒家回忆录》成为百年来投机著作的首席经典。但他一生破产三次，死时近乎一无所有！

战场上还有不少将军以赫赫之功名扬天下，作为战神荣退；因为仗毕竟有打完的时候；对手都消灭了，想继续打都没得打。但股市的仗是打不完的，只要败一次，可能就前功尽弃；所以华尔街有这样的说法：**华尔街有勇敢的交易员，华尔街有年老的交易员；华尔街没有勇敢的老交易员**。

这时有股民会问，我就是想在股市试试可否追求赫赫之功，不可以吗？当然，您可以试试。任何人决定做一件事情，都应该厘清自己做这件事情的目的及达成这个目的的手段。

第一节 首先确定自己的战略目标

对大多数新股民，入市常常是因为左邻右舍在股市赚到钱，忍不住也想赚几个零花钱。这类股民无论是知识还是经验都不足以给自己制定战略目标，学习是他们的首要任务。如果您自己的股龄小于5年，您通常还处于学习阶段。这个阶段的战略目标应该是用最小的代价了解股市。

过了新股民那个阶段。应该开始为自己进股市的目标定个位。不可否认，有部分股民就是想赌一把。这也没错！手里只有3万块钱，大事办不了，小事也办不了！有它不多，没它不少！况且年纪还轻，那就赌赌吧。就像纽约六合彩票的广告词："一块钱买一个梦！"3万块钱翻10倍变成30万，再来10倍就是300万，初步的财务自由就有了。股票从3块钱升到30块的机会常常有！这种赌法算是金融市场的穷人闹革命；任何股民想这样赌股，请确定赌股的钱是余钱。

买彩票可能发财，但买彩票的发财方式无法重复；赌股票也有人发财，赌股票发财的方式同样无法重复；**一件不重复的事情没法学习。**

有一种做法介于赌股和专业炒股之间；在美国称日交易（Day Trading）。特点就是不仅全力入市，通常还加几倍杠杆；但持股期间很短，用减短持股时间来降低风险；收市之前清股，不持有股票过夜。我早年炒股也常常日交易。但这种方法只能操作比较小的资金，而且对心理素质要求极高。日交易可称为股市偏行，成功率很低。作为一种方法它确实存在。

对一般的家庭，手头的钱是有用途的。孩子的学费，房屋的贷款，晚年的退休都要靠它！投资是希望资金增值，底线是本金不可以不见了！怎么管理这些资产是有一套理论的。现代资产配置理论就是研究不同的风险之下如何分配投资。

如果资产必须保本，那么只能将钱投资在银行的储蓄账户，回报虽然比较低，本金是不会亏掉的。存点钱对大家都不容易，所以这个世界的闲钱大多数其实在银行的储蓄账户里。

若投资股市，怎么管理就有学问了。将全部身家赌一只股可能快快发财，但也可能快快破产。投资到多只股票降低了风险，但也降低了快快发财的可能性！显然，对回报的期待影响着资产配置的方法；如果您希望本金每年翻倍，大约只能将本金集中买一只股票赌一赌；若您满足每年10%的回报，则可以分散投资到10只股票，其中一只翻倍，其他打平，您的目标就实现了。哪种方法风险大，哪种目标容易实现，从直觉就可以感受到。

天下没有白吃的午餐，您想多赚一分回报，就要准备多担一分风险。

现在问自己：我是有些余钱想赌一赌还是有老有小想稳妥投资？或者主要稳妥投资但不怕拿些小钱赌一赌？分清自己的情况了，下一步就是选择投资策略。

我们明白股市的投资回报和投资风险是同步的；在股市投资就面对一个很严肃的课题：怎么对投资风险定位？因为资产的具体配置是由风险定位来决定的。但这又和期待的回报有关系。

让我们谈谈什么是股市可以期待的合理回报。

第二节　什么是股市可以期待的合理回报

股票这个市场有它本身的特殊性，它的大势基本上依据经济的成长运行。这就决定了股票大势的成长是有一定速率的，不可能完全脱离经济成长这个大框架。当股市增长远远快过经济增长之时，有个特别的描述名词叫"泡沫"。近一百年的历史回顾，经济不断在增长，新的科技不断发明出来，人的寿命也不断在增长。我们看到的股票大势总体上也在不断上升。

现谈谈股票指数。在美国，最有代表性的股价指数是史坦普500指数，它在美国约8000只股票中选择了500家大公司的股票股价加权平均作为指数。（道琼斯指数只有30家公司，样本比较小）史坦普指数的起伏基本代表了美国股市的波动，我们谈股票大势通常就是指这些指数的波动。中国的股票指数其构成原理是一样的。

那么从这8000只股票中分别选一只、十只和一百只股票做投资组合，这个组合的波动和指数比较会有什么情形呢？从直觉上我们就会有这样的判断：一只股票无法预测，十只股票的组合其波动应该和指数有些相像，一百只股票的组合其波动应该和指数非常相像。这个想象符合数理统计原理。

控制股市风险其实也只有两种方法。股市的风险可以大分为个股风险和大市风险。个股风险来自股票的不可预测，您不知道哪只个股某一天会来个大跌。大市风险在于您不知道什么时候大市可能也来个大跌。个股大跌的例子天天都有，这里不另外举例；1987年10月19日美国的道琼斯指数一天跌掉22.6%，被历史称为黑色星期一！若手边有股票，这一天大约谁都逃不掉会亏钱！这就是大市风险。我们用分仓应对个股风险，用轻仓应对大市风险。

理解了股票指数的来历，我们讨论什么是股市可以期待的合理回报就容易了！很明显，回报一定围绕着指数转；指数可以认为是充分分散个股风险，100%资金入市后股票的平均回报。如果您不分散风险，将本金全投一只股票，那么谁都不知道明天股价是多少！也就不存在合理或不合理的回报；这是赌股，大家祝您好运。若您是专业投资管理人，您承担着对投资者的责任，随便将投资者的退休金给赌掉是不成的！您就必须用分仓的方法来对付个股的风险。这一分仓，按数理统计原理，您的回报就只可能围着指数打转，不可能离它太远！美国的指数按统计每年上升大约10%。那么我们可以认为在充分分散风险的情况下，投资美国股市的合理回报应该是10%左右。

必须指出这10%只是美国的记录；别的国家可能不一样！美国的社会相当稳定，经济成长和通货膨胀都可以预测。有些国家通货膨胀就每年100%，这些国家的股指回报数字和预期将完全不同。

在美国，80%的基金管理人的成绩都比不上指数，因为基金也很少100%入市，否则我们应该看到这个比例大约是5/5分。美国证管委规定，公共基金不可以将超过5%的资产投资单个股票，也就是说公共基金最少要持股20只。按资产配置理论，这样的配置已经可以达到"充分"分散个股风险的要求。

一旦充分分散了个股风险，投资的合理回报预期将是股票指数回报。但不表示投资者的实际回报不可能超出这个数；这就看投资者的功力了。我们知道股票有不同板块，如电子股、金属股等，它们可能在不同的频率运动。个股的波动也都各有特色。如果投资者有能力识别升势的股票或板块跟进，离开跌势的股票和板块；实战中选择了指数里面的上升股票，避开了下跌股票，结果就将获得比指数更高的回报。这说来容易做来难；华尔街能够做到这些的专业投资管理人并不多。

在美国，最大众的投资不是股票，是银行的储蓄账户。现在美国短期储蓄的年利率不到1%；但这是无风险回报；本金不会不见了。想要更高的回报，就必须承担更大的风险。选择很多，包括债券、股票等，更高风险的还有期指、期货、期权等；只要有人喜欢，华尔街可以创造出任何投机工具。债券、股票可以说是投资选择，其他基本是投机的玩具，非专业人士最好不要碰。

作为投资决策人，面对这些选择，如何取舍就进入下一课题：善战者无赫赫之功。

第三节　善战者无赫赫之功

先讲个我自己的故事。1992年，我开始在一家小证券行做股票经纪人；虽然那时我已经有过几年投资基金的经验，也有了比较完整的金融专业背景；可股票交易还是新手。我边做经纪人边自己替自己炒股，这一下发现天都亮了，我找到了自己想终身从事的事业。我太喜欢担风险了。

作为科班体系出来的人，我一直受到传统的金融理论影响；比如什么随机漫步理论、充分市场理论等；我受到的教育是市场是有效率的，所有的因素都已经反映在股价之中。

科班学习的主要内容就是那套价值分析，买了不卖的理论。我自己虽然经验不足，但也可以感到这套理论很难在实战中实施。大家都价值分析，去哪里找那么多便宜货？凭什么认为自己比别人更会分析？那套东西我试了很短时间就放弃了，我找不到胜率！我开始广泛读书，研究那些股市先辈们的经验；寻找自己的胜率。

我在大学的专业是工程，有不错的数学基础；很自然，研究的目标注重可以量化的方法。通过一段时间的研究，我给自己定位了一套操作法：卖空跨式组合期权（short straddle option）。这种方法主要是赚时间的钱而非股价的变动，回报率相当可观。我认为只要充分分散风险，我就找到了现金流，可以靠它吃饭了。很稳定地我每个月赚5%～10%，心情十分愉快；一年多完美的记录，翻倍有余。

时间到1993年年底，我看到《华尔街日报》上有公司请有经验的交易员；我自己本金有限，也有心找家公司将自己的操作规模做大一些；我给公司打了个电话，负责人说见面之前请我先谈谈自己的做法。我将我的思路和成绩向他做了介绍；听完后，他笑了，说我这种方法不成，这种方法可以连续3年都来个100%，第4年会有一天连本带利全部亏掉；他们公司无法雇用我！我十分不以为然，这种方法是以数学做基础的，充分分散风险的，不是凭空想象的，且有实战记录为证。不愿赚钱是你自己的损失！这件事情过了不到三个月，有两天大市波动很大，我慌了止损出局，一年多的利润不见了。当然，同时再见的是我的第一个发财绝招。这个绝招在实施中充分分散了单个期权的风险，但没法避免大盘的风险！跌了一跤才明白风险钱没有那么好赚，一分的报酬对应着一分的风险。

再讲个不久前的故事；2013年11月昌九生化连续10%跌停七天，以下是当时网络报道的片段：

"真的是妻离子散，一分钱都没有了，我现在都想跳楼了。证券公司找我要钱，让我卖房子还钱。可是我们家五口人，全家人都住在里面，怎么卖？"刘姓投资者向21世纪网哭诉。该刘姓投资者自己投资400多万元，又融资买入200多万元。

我是这样评论的："刘姓炒股人敢一手赌全部身家400万到1只股票，还融资200万加码；您认为这位炒股人可能是新手？不可能！很有可能那400万身家都是股市赚来的。没有对自己炒股的信心爆棚,没有多年胜利的记录,怎么敢这样赌?我相信他周围的人都将他当成股神。他倒下了,就像他的偶像利物莫!刘先生这次不倒下,下次他会赌1200万;他迟早会倒下,直到他学会敬畏股市。"

这则故事是不是很熟悉?写这篇文章的时间是2015年8月,有报道说那几个月中国股市消灭了3万个500万股票账户。以追求"赫赫之功"入市,一有风吹草动就哀鸿遍野。炒股没有新鲜事,投机像山岳一样恒久,老故事总是在不断重复!

前面提到炒股行的老大哥利物莫。他提供的投资语录看起来条条都醍醐灌顶!怎么把小钱在短时间变成大钱的能力很少有人超过他。遗憾的是,人要盖棺才能定论的话,利物莫是失败者;他从股市赚了很多钱,都给回股市了!一个那么传奇的一生!一位那样的炒股天才!在高风险之下投机那么地游刃有余!死的时候没钱了。而且是死于自杀!

从股市赚点钱不困难,只要碰到好势头,再狠狠地赌上一把,还可能赚很多钱。但你想把钱留下来并不容易。以前狠上一把赚很多钱养成的习惯会让你在形势不好的时候亏很多钱,常常最后本利都亏掉。类似的故事不断重复。

从股市赚到钱并留下来的例子也很多,巴菲特是一位。巴菲特的传记到处都是,他算是成功的典型。大家有没有了解过他在股市的回报?虽然近10年他的回报不怎么样;但1965~2005年,巴菲特的年投资回报率是21.5%,差不多是同期指数的一倍。这让他坐上全球投资管理人的第一把交椅,位列全球首富的第二名。只有21.5%,是不是让好多股友很失望?有多少人认为进了股市每年不翻上一倍不算成功?

说到这里，这一章想传递的思路应该比较明白了。因为股市的仗是打不完的，所以股市之仗的战略指导思想从开始就不应该试图一战完功。而是应该遵循"结硬寨，打呆战"的方式发挥自己的优势，以最小的可能损失，一步步实现财务自由的战略目标。

在股市，自己的优势就是入市的胜率，只要你能获得超过50%的胜率，在资产配置上别让自己一败而倒，那么你的资产就会不断增加。**在资本市场，复利是资产累积最强大的的武器，只要你能够做到，你就会成为最终的胜利者**。

用破釜沉舟的方式进股市固然很爽；但股票市场的特性注定了你迟早会踏到地雷！踩雷不死的唯一方法就是战战兢兢地小小入市，聚小钱为大钱。心态上必须不追求"赫赫之功"。下面，再帮不同投资目的的股友理清一下思路。

第四节　思路清晰，无怨无悔

想赌一把的股友

有些股民进股市的目的就是赌一把！手边就那么点钱，也看不出上班拿份工资往下熬有什么出头之日，又不甘平凡，不拼一下怎么翻身？我对此深有体会，我开始的时候情况一样。

我自己金融专业拿了个硕士，书本上投资理论大多学过；但手边只有几万块钱，一切按照这些理论办的话每年赚上10%什么时候才是财务自由之日？上面提到的我的第一个发财绝招"卖空跨式组合期权"的年预计回报就超出100%，是风险极高的操作。

我专职炒股的前几年基本都是高风险操作，恰巧20世纪90年代末期是互联网刚刚兴起的年代，美国股市碰到几年疯狂的牛市。回头想想，自己的运气不错。

如果您铁了心要担大风险赌一赌，手边那点钱亏光了就当以后每礼拜少吃一碗牛肉面。以下是3条日交易的注意事项，或有助于提高成功率。

（1）忘掉价值分析，完全用技术分析操作，记熟这本书介绍的几个图。

（2）做短线！看10分钟或30分钟的K线图，5分钟也成。

（3）定个止盈或止损点百分比。比如亏5%止损出场，但赚15%也止赢出场，短线交易不可以照搬"让利润奔跑"的教条。

更进一步，如果您什么技巧都不想学，只想买一只便宜股捂上几年碰运气，这也是方法之一！但这就没有什么技巧可言了，这是用买彩票的方式赌股票。我们祝您好运！不过要有心理准备，买彩票中奖的概率很低！

也许您真碰到好运，那3万变成了300万，这时我要提醒您不要像上述刘姓炒股人一样继续往下赌。拿出250万做谨慎投资，每年10%也有25万，够一家4口人吃饱喝足。穷人偏爱高风险情有可原，富了还要高风险就是给自己添堵。

想走专业道路的股友

这本书主要是从个人交易角度谈炒股！很专的角度。从知识的广度上来说是不够的。在股市，真正的成功者几乎都受过全面专业的训练。

巴菲特是哥伦比亚大学的经济学硕士，索罗斯是伦敦经济学院的经济学学士，专业的基金经理和交易员大多是金融或经济学专业出身；也有不少出身工程学、数学或其他学科，他们后来一般都在金融科目下过苦功。

记得有人这样谈论拍电影："大导演总是会告诉你，他们成功主要是因为自己的哲学思想，自己对世界的深刻理解，自己的艺术感觉和宗教信仰，等等。他们不会告诉你，自己能拍出电影首先是因为在电影学院接受了如何放置三脚架和如何设置光线的训练，也不会告诉你各种镜头之间的差别有多大。对于他们那个档次的人而言，这些可能都太简单了，可是绝大部分人一辈子都不了解这些对大导演而言非常简单的东西。"

若您有交大的金融学位，或有机会找到基金助理的职位开始学习，熬几年后可能升为经理。这是一条很好的职业道路。对绝大多数没这个资历的股友，您花了好多年时间自学金融知识，花了好多年实战股票的操作智慧，您可能发现"缺少本金"这个横杆就是越不过去！您会被逼得不得不去赌股票。明知是个坑但不得不去跳，那个味道实在不好。但这就是生活的现实，穷人家孩子的生活路条条都是艰难路！你唯一能够做的就是用一段时间拿出个漂亮的成绩单；投资是讲成绩的地方，你能够证明自己从股市盈利的能力就不怕没有人愿意为你的能力投资。

专业基金管理人能获得比指数高 2% 的成绩就算很成功。别忘了，这些管理人之中 80% 的成绩都比不上指数。一般来讲，任何人有能力在一定的时间跨度证明自己有本事重复这个业绩会即刻被金融管理机构网罗。超过指数 10%？那您就是下一个巴菲特。在美国，比指数平均高 2% 只是 12%；您只要证明您有本事能够重复这个业绩就是成功者，现在您明白了善战者无赫赫之功的具体含义了。大家都知道，这个星球收入最高的一群人就是这批基金管理人。

专职炒股人的路漫长且铺满荆棘，看完《炒股的智慧》之后想专职炒股的人很多，我想对你们说：要小心，成功率太低！除非你实在迷恋交易，喜欢风险；只想有份工作的话千万别尝试。

想投资股市，但亏不起

这是股市的绝大多数。想赌一把或想走专业道路的都是少数。你明白自己懂得不多，也不愿大亏，那就记得不要赌大了！

钱都是自己的，也不多；你不应该赌一把，但也不需遵循专业投资原理把钱分成20份分散风险；那太伤脑筋！找上3～5只股票，按这本书讲的买卖原理操作；只要碰上1只不错的股票，有可能回报不错。更重要的是，自己从股市赚到了几个零花钱，内心的满足感无与伦比。

除了内心的满足感之外，我建议这类股民应该将钱交给专家投资，比如投资合作基金。这就出现另一个问题，怎么选择投资管理人？这个行业靠业绩说话，如果一位投资管理人能在一段时间跨度用低于指数的风险赚取超过指数的回报，就是位高手。遗憾的是这类高手不容易碰到。这个行业嘴上高手太多，说起大道理一套一套，但大道理不会赚钱！让他们把业绩拿出来。还要小心那些电脑高手，他们会用电脑模拟一套交易方法，告诉你若10年前用这方法炒股的话会赚多少钱；你不在乎过去怎么样，你在乎未来怎么样！这些电脑模拟统计过去出类拔萃，预测未来通常惨不忍睹；别让自己的血汗钱变成这些电脑程式的小白鼠。

还有，要小心基金管理人随意担大风险，投资管理人受到很大的压力需要获取高额回报，常常不自觉地大赌狠赌；了解他的投资策略和风险管控方式。从数字也可以看出很多，比如指数升了 10%，某基金升了 50%，你要小心了，别流口水！去了解一下这 50% 是怎么赚来的？是不是大风险赌出来的？基金管理人若是个赌徒，明年说不定亏上 50%，问问自己亏得起吗？不想有悬念的话最好投资指数基金，你知道 80% 的基金管理人都拿不出更好的业绩；一个外行人获得比 80% 的专业经理人更好的投资结果应该没有什么不满的。当然，这样做的负面是你失去了自己管钱所得到的小赌怡情的乐趣。对很多人来说，时不时查查股票价钱的牵挂比从股市赚钱还是亏钱更重要！

总之，在股票这个战场，仗是打不完的；而且什么时候想开战都有仗打。面对这种战场，不要一天到晚想打大仗，打歼灭战；行险斗狠！你就算连赢 100 次，后面还有无穷尽的股战等着您打；若不幸你被对方打了一个歼灭战，你就彻底完蛋了。

股市还有个特点，它不是零和游戏，它随经济增长而增长。只要你有足够耐心，充分分散风险，在中国这个经济蒸蒸日上的国家，长期跟随股票大市一定有正数回报。大家都可以最后成为胜利者。

第九章　和炒手们谈谈天

直到有一天，你能凭直觉抓住临界点，凭直觉熟练地运用本书所讲的所有规则，不再怀疑有无违反这、违反那，你就从有招的新手进步成了无招的高手。

你已知道你为什么能赚钱，你已有一套行动计划去重复赚钱的经历，你也清楚为什么会亏钱，你已学会跌时止损，亏钱不再成为心理负担。因为你知道亏掉的钱很快就能赚回来，到了这个地步，你就知道你已能够以炒股为生了。

我女儿常问我："爸爸，你希望我长大后做什么？"我的回答总是："你做什么都可以，只要你自己喜欢！但我希望你能有一个不求人的一技之长。"

"不求人的一技之长"！任何35岁以上的人都会对这句话产生强烈的共鸣！求人难啊！就算你屁股上挂着一书包的"士"，求人给份工作也不容易。炒股就不求人；学炒股是很不容易，但想想你辛苦过后有可能学到"不求人的一技之长"，你就能忍人所不能忍。

有读者或有问题："啰啰唆唆讲了这么多，十几万字！我是越看越糊涂。我明白，做到你书中讲的一切应能赚到钱；但若我都做到了，我已成圣人了。我并不想做圣人，能否告诉我，到底怎么不做圣人也能从股市赚到钱？能讲得简单些吗？"

这问题可真不容易回答！从历史的角度来看，你需要耐心！计算20世纪华尔街的平均数，股票平均每年上升10%。你若将风险分散，长期投资，你的回报也大约将是10%。若你有笔可以长时间不动的资本，拿去买股票指数股（或基金），你应可以期待10%的年回报。不用动大脑，更不用做圣人。当然，100年前纽约的咖啡1分钱一杯，如今是1块钱一杯，你的实际购买力增加了多少就见仁见智。

日交易员盯的是每年300%、500%的回报；基金经理希望成绩能够超过指数，以低于指数风险取得超过指数回报的成绩。个人炒股希望抓到一匹大黑马，睡上两年醒过来成为百万富翁。无论你是哪种操作者，但目标必须是**在正确的时间，做正确的事情**。虽然不同的目标下正确的时间和事情可能有差异；但总体上说，下面三点是想从股市挣钱所应当做的"正确的事"：

（1）掌握时机：你要知道何时入市，何时旁观；何时获利，何时止损。

（2）金钱管理：你要知道如何分散风险，何时多担风险。无论怎么都要尽力保本。本钱没了，游戏就结束了。

（3）情绪控制：情绪控制在入市之前很容易；一旦下注了，情绪控制就难起来。一般的股民是赚钱的股票坐不住，亏钱的股票走不了。你会例外吗？该割肉时会迟疑吗？

掌握时机，金钱管理，情绪控制。共12个字！你背熟后照着做，容易吧？这本书要你做的就这些。你根本不需要是圣人。

花点时间，做点功课。这12字不复杂！有些毅力和耐心就能做到；作为追求幸福生活的代价真是微不足道。偷鸡还要蚀把米，你若那把米都舍不得，就请打消偷鸡的念头。

以下看看我是怎么学股的。

第一节　学股的四个阶段

在我学股的历程中，我最希望的是知道我已经学到什么地步。当我达到什么地步的时候，才可以认为已经毕业。当然，毕业并不表示已成为专家，但起码它表示我已拥有足够的知识在这行生存。就数学而言，小学的内容从加减开始，中学的内容包括几何代数。你很清楚你的数学知识已经达到了几年级的水平。学股有没有这样的级别之分呢？答案是"有"。

我在这里就以自己的学股历程谈谈学股经过的阶段，你可以参照我的描述，估计一下自己现在处于什么阶段。这些阶段的划分并不严格，很多时候是互相交错的。如果人性共通的话，我学股的历程应该和你十分相似。

蛮干阶段

第一阶段可以称为蛮干阶段。这个阶段的特点是自己没有什么主意，买时不知为何买股票，卖时也不知为何卖。买卖的决定完全由他人或自己的一时冲动所左右。比如某某股评家推荐买这只股票，他认为这只股票最少还会升10点等。卖时也没有章法，觉得有钱赚就可以卖了。在这个时期是绝不肯止损的。

我有位亲戚，他从未炒过股票，有一天他听说我卖了两只亏钱的股票，立即就指出我的过错："亏钱的股票怎么能卖？最少要等到升回有钱赚时才可以脱手。亏钱的股票快快卖掉，赚钱的股票不肯卖，要等到跌回亏钱后才卖，你怎么可能从股市赚到钱？"

这段话大概说出了新股民的心声。这本书读到这里，读者也应能明白为何带有这样心态的股民不可能在股市不断赚到钱。

新股民有两个显著的特点：第一，不贪；第二，不怕。

"不贪"：他们只要有一点利润就赶快卖股获利。"我昨天10元进了500股，今天升到11元，赶快卖掉，500块钱能买不少菜呢。"只要股票的价钱升到他们的买价之上，身上的每根神经都在喊："卖！卖！卖！"生怕明天跌回来怎么办？他们不贪，满足于赚小钱。

"不怕"：假如不幸10元一股进的股票跌到9元怎么办？答案是："真倒霉，被套牢了，等到反弹再说。""套牢了不怕，反正我也不急用，等就是了。"亏钱时他们不怕，他们绝不愿亏小钱。挺令人遗憾的是，就我的观察，80%以上的股民都无法从这个阶段毕业。问问你自己有这样的心态吗？如果有的话，你学股的道路还很漫长。你还处在原始阶段。

摸索阶段

我自己在蛮干阶段大约待了半年，幸运的是，我居然在这一阶段赚到了钱，使我对自己的悟性有了极大的信心。或许这就是初始者的好运。这段时间我开始大量阅读有关炒股的书籍。我知道这样蛮干是不对的，我开始试验"截短亏损，让利润奔跑"。

首先我学习止损，我给自己定个规矩，只要股票从我的买价下跌1美元，我就卖掉，以后这样的损失积累成很大的数目，股票常常一碰我的止损价就反弹，我便傻乎乎地不断止损，小损终于加成大损。我明白了1美元的止损不对，我便开始把止损点放大，由1美元加到10%，最后加到20%。这段时间持续了两三年。结果还是不行。举例说，30美元的股票，我将止损点定在27美元，股票升到35美元，我就将止损点定在31.5美元。实验的结果，我买卖的次数少了，但我常常是亏钱时在27美元卖股，赚钱时在31.5美元卖股。这样亏时亏3美元，赚时只有1.5美元，算算总账，还是亏钱。

情况并不完全如此。当股价从30美元跌到28美元时，我总是把止损点下移，有时移到26美元或25美元。我给自己定10%的止损，在实际中的损失常超出10%的数目。我知道这样做不对，但我忍不住。我怕股价一碰到27美元就反弹。这样的事情发生过很多次。当股票升时，我通常没有困难在进价之上卖股。如35美元的股票跌到32美元，我不会将31.5美元的止损价往下移，因为我已有1.5美元的利润。

最惨的是这段时间，我试过专用价值分析来炒股，研究股票的盈利及公司资产值，研究成本收益比率，你想得到的指标我全试过。结果是不赚钱。我试过用技术分析来炒股，找最低点，找最高点，结果不断以"止损"收场。止损，止损，止损，我不断止损，就是看不到盈利。止损把我止怕了。我还试过各种电脑的计算指标，如平均线、威廉指标、MACD等，没有一样有效。结果总是不断地在止损。好不容易偶尔赚次钱，也常因为止损点定得太低，没赚多少。这段时间我不仅将蛮干阶段幸运赚到的钱全赔了进去，还亏了一部分老本。就是说我不仅白干了三年，还亏了本。

别忘了，这段时间我是专职炒股，我把读到的、想象到的各种炒股方式全试过，就是赚不到钱。我也将华尔街的各种各样的家训读到能倒背的地步，在实际中似乎它们完全无效。你可以想象我是多么地彷徨。

我对炒股失去了信心，我决定试试自己在期货上的运气。我开始炒卖黄金、白银、外币、黄豆、石油、小麦。那些在炒股中学到的规矩似乎也完全无效。期货的人为操纵更厉害，我只是亏钱亏得更快。这时我的第一个女儿来到人间，我感觉身上的责任重大。我真正地开始考虑是不是应该放弃了，该转行了！如果付不起日后女儿上学的学费，我怎么向她交待？

花了近四年的时间，什么也没有得到，亏了老本，换来一大堆经验。如果离行另谋他就，这些经验一钱不值，你可以想象我是多么的不甘心。期货炒卖是极特殊的行业，它不注重价值分析，你说日元或黄豆应定什么价？它极其注重技术分析，其中特别重要的是走势和阻力线及支撑线的概念。把这些概念放回股票，我突然感觉股票运动其实有迹可循！我突然间觉得有灵光在脑海中闪耀。

让我先在这里停一下。因为上述的阶段可以称为学股的摸索阶段。你如果还处在蛮干阶段，这本书讲的一切对你可能太深，你还不怎么明白我在讲什么。你如果正在摸索阶段，你开始明白这本书。

摸索阶段的特点是你已多多少少明白炒股的行规。你知道要止损，要让利润奔跑，但你还不清楚止损应怎么止。你用10%或20%等机械的方法定止损点。有时你能办到，有时你又找借口不去止损。让利润奔跑时你不知应让它跑多远，你不知怎么判定获利点。各种各样的炒股规则有时有效，有时无效，你还不知怎样有选择地应用它们。看到蛮干的炒手，你已知道他们在蛮干，你知道不能那么干。你自己有时赚到钱，有时亏了钱，但你还不明白为何亏钱,也不清楚怎么赚到了钱。你还没有有系统的买点和卖点,这只股的成本收益比率很低了,那只股的红利比较高,张证券行推荐这只股,李股评人看好那只股,你还在用自己的直觉加上"应该不会错"的理由来买卖股票。这些描述适合你吗?如果对的话,你还在摸索阶段。

体验风险阶段

摸索阶段的下一步是体验风险阶段。有时这两个阶段是同时进行的。遗憾的是,体验风险阶段的你常要亏大钱,不亏上一两次大钱,你不会明白什么叫风险,你也还不可能毕业。只有在亏钱亏得吃不下、睡不着的时候,你才会真正地反思炒股为什么会有这些行规。也就是在这个时候,行规的意思变得很清楚。有了这个经历,再去读读第三章第二节"资金管理(怎样在股市下注)"的内容,你就真正明白我在谈什么了。

我每次赚了大钱,随即常常来一次亏大钱,因为每次赚了大钱,都让我觉得自己"懂了"。这样的经历重复了好多次。这或许就如同游泳一样,淹死的都是"自己觉得"会游泳的人。那些知道自己不会游泳或真正知道怎样游泳的人通常不会淹死。

如果亏大钱的经历发生在你的蛮干阶段,我对你深表同情。但如果你确确实实有了几年的炒股经验,对研究股票及其运动规律下过苦功,这时亏大钱常常是你大成之前的最后考验,请千万不要放弃!那些炒股名家,在他们成"家"之前通常都有一次甚至几次的破产经历。其中包括本书中提到的利物莫和巴鲁克。在忍无可忍的时候,请再忍一忍。

回到我的故事。我炒股的最大挫折,就发生在"有灵光在我脑海闪耀"之后。四年多，我白干了，股市对我而言成了"没钱人学到很多经验"的地方。我不知有多想快快地捞上一笔。其间有两个星期，我亏掉 53000 美元。挫折不在于金钱的数目，而在于这次亏钱是完全不应该的。按我的规则，我会亏掉 4000 美元左右，那是我止损的极限。但我注下得太大，又不肯及时止损。我犯了不该犯的错误。我用希望取代了分析。我自以为懂股票了，其实还不全懂。

随后一个月，我开始整理自己的思路，总结五年来的经验及教训，综合我这些年来的广泛阅读，结果就是这本书所说的一切。这两年，我完全按这本书所说的原理照办，每年的回报率都超过 100%。需要说明的是：这样的回报是在极小的风险下取得的。日后是否还能持续这样的回报，我不知道，但我知道我已订出了可行的炒股计划，只要按这个计划做，我久赌必赢。区别只在赢多赢少，那同运气有些关系。

久赌必赢阶段

现在我们谈炒股的最后阶段，久赌必赢阶段。

一个可行的计划，不能凭空想象，它必须有理有据。"理"就是数学的概率，如果你每次下注的赢面超过 50%，而且你只下本金的小部分，不会因为几次坏运气就剃光头，从长期而言你是胜定了。道理和开赌场一样。"据"在于你知道怎样找临界点，在长期的观察和实践过程中，你知道这些点是出入场的关键点，在这些点操作，你的赢面超出 50%，再加上应用"截短亏损，让利润奔跑"的原则，赢时赢大的，亏时亏小的，你的获胜概率其实远远超出了 50%。

到久赌必赢阶段，你不应对亏钱和赚钱有任何情绪上的波动。你对止损不再痛苦，你明白这是游戏的一部分，你对赚钱也不再喜悦，你知道这是必然的结果。你不再将胜负放在心上，你只注重在正确的时间，做正确的事情。你知道利润会随之而来。

有些人认为股票的运动是可以预知的，有些人说是不可以预知的。这两点都不对，股票游戏是概率的游戏，没有100%这回事。只有随着经验的增加，你才可能将预测股票运动的正确率从50%提高到60%、70%。就算你能有70%的正确率，若不遵循"截短亏损，让利润奔跑"的原则，到头来可能还是白忙一场。

到这个地步，你不再执着于成本收益比率或红利之类死的东西，你在用概率考虑问题。股票的大市怎么样？如果大市好，你买股的获胜概率增加了。股票的成本收益比率或红利怎么样？如果有吸引力的话，你的获胜概率增加了。这只股票本身的走势怎么样？如果正处在升势，你买股的获胜概率增加了。这只股票的运动用你的经验判定是否正常？是的话，你的获胜概率增加了。还有其他许多考虑的因素，你都试着用概率来评估它们的功用。

你知道股票运动在短期必受大户的影响。某著名股评人极力推荐某只股票，你可以看看这只股票的技术图形，如果股票刚突破好的买入临界点，在此之前有被人暗中囤积的迹象，你可以怀疑该股评人可能和某大户联手，想推高股价，但现在只是推高的开始，你买入应还有段升高的路好走，获胜概率较大。如果这只股票已暴升了很多，股评人还来这一手，则大约是在找最后的傻瓜，你此时买股就没有什么赢面。同样的"好消息"，你已知道怎样分析及判断，你不再迷信"权威"。

这时候你已知道你为什么能赚到钱，你已有一套行动计划去重复赚钱的经历，你也清楚为什么会亏钱，你已学会跌时止损，亏钱不再成为心理负担。因为你知道亏掉的钱很快就能赚回来，到了这个地步，你知道你已能够以炒股为生了。你会不会就此发大财，那要看运气。第七章"抓住大机会"讲述了这样的机会及怎样抓住它。这样的机会可遇不可求，结果只有由上帝决定。祝你好运，也希望你祝我好运。

炒股的知识是否到此为止？答案自然是"否"。炒家利物莫说他炒股 40 年，每天都能从股市学到新东西。华尔街有个说法："**你如果能在股市熬 10 年，你应能不断赚到钱；你如果熬了 20 年，你的经验将极有借鉴的价值；你如果熬了 30 年，那么你退休的时候，定然是极其富有的人。**"每个循环，炒股人的规则还是那些，但你对这些规则会有更深的体会。你会找到更多的例外，你会区分在不同的环境怎样实施不同的规则。

我在这里粗略地将学股分成蛮干阶段、摸索阶段、体验风险阶段和久赌必赢阶段。不算我业余炒股的经验，这四个阶段花了我超过六年的时间。我研究过很多炒家的传记，他们的描述各有不同，但经历是相似的。能到久赌必赢的阶段是学炒股的里程碑。到了这个阶段，你就能在这行待下去，等待大机会。假如运气好，被你抓到几个大机会，你便从炒手升格为炒家。

你可以就我的描述估计一下自己现在处于什么阶段，还要多久才能毕业。你如果有一定的悟性及对人性的认识，克服人性中的弱点不需花很多时间，因为你很清楚什么是需要做到的，你只要尽力照做就可以了。最花时间的是怎么学着找临界点。每个人对风险的承受力都不一样，找到的临界点也不一样。你必须综合考虑股价、交易量、走势、新闻、大市、公司盈利、产品等因素。什么时候必须坐等也是关键的技能之一。

我希望我能更详细地解释怎样寻找临界点及应怎样在临界点附近操作,但这实在是一门艺术,只可意会,难以言传。而且没有放之四海而皆准的做法。我给你指了方向,你可以就这个方向摸着石头过河。寻找临界点没有捷径,只有实验、失败、再实验,无数次地循环往复。直到有一天,你能凭直觉抓住临界点,凭直觉运用本书所讲的所有规则,不再怀疑有无违反这、违反那,你就从有招的新手进步成了无招的高手。

第二节 回答几个问题

在结束之前,让我试着回答几个读者可能有的问题。

问:你怎么会想到写这本书?

答:1998 年 2 月,我回老家福州。八年没回去过了,老家变了样!我亲眼目睹了中国的炒股热。遗憾的是,我见到的股民几乎全在蛮干。这时我就想,如果我能将自己的经验写出来,会不会受到这些股民的欢迎?我的一些好友及家人也鼓励我试着把经验总结一下。

问:我读到的很多炒股书都将摊平法当成"解套"良方,但你极力反对,到底是谁错了?

答:我一直强调,炒股没有绝对的对或错,但就这点,我可有以下两个说法:第一,这些书的作者大约自己没怎么炒过股。第二,他们可能在抄来抄去的时候抄错了,把基金错抄成股票。基金虽然是用来买股票的,但通常都是买很多种股票,分散了风险，由此基金基本上跟大市起落。而股市是整个国民经济的晴雨表，只要国家没有政治和经济的动荡，它的大趋势肯定向上。你如果购买基金，用不着去选什么进出点，你准备长期持有。在这种情况下，摊平法适用。

个别股票的起伏是很大的。你敢向下摊平，那是因为你没有死过。给我印象很深的是我们交大的前辈校友王安博士。我在读大学的时候，王安电脑在美国风生水起，大有取代IBM的架势。我们都以有这样一位学长为荣。按今天的话说，王安电脑是当年的"绩优股""强势股"。曾几何时，王安电脑已关门大吉！今天王安电脑还在美国挂牌，但此王安已非彼王安，王安招牌被人拿来挂羊头卖狗肉。你若不幸在王安电脑强势时入股，下跌时去用摊平法解套，到今天你死得直直的。

当然，具体情形有很多例外；但向下摊平作为一个投资策略是不成的。

问：你有没有自己的电脑指示？如什么线穿过什么线可以买卖等，能保证赚到钱！

答：第一，我没有。第二，它不存在！第三，说实话，如果有的话，我也不告诉你，这么容易赚钱的方法我留着自己用。

问：你把炒股当成赌，买股称下注，你能解释一下炒股和赌钱的区别吗？

答：任何有输的可能的行为都是赌。把钱存银行不是赌，因为一定有利息。可炒股就是赌钱，两者没有区别。但如果你买股后的持有期很久，且把风险分散得很开，如基金操作一样，这时赌的成分就低很多，因为只要国家稳定，不断搞建设，经济总是向前发展的，股票大市长久而言一定上升。美国60年来的统计，股票大市平均每年上升近11%，高于银行存款利息。但如果你想从股市获得很大的报酬，就必须担大的风险，风险越大，赌性越强。

问：你的炒股经验是基于在美国的经验，这些经验适合中国吗？你是否知道中国的股市被人为操纵得很厉害？

答：我知道中国的股市有人为操纵的因素，你可以将中国二字换成印度、法国、马来西亚；你一样可以将中国换成美国，所有的股市都或多或少地受大户的操纵。

你如果钱多，你的买卖自然影响股票的价格，别人也会说你在操纵股市。你认为美国人都按成本收益比率的高低买股票？你太天真了。这本书的原理适合任何股市，适合期货市场。很多道理我实际上就是在炒期货中领悟的。这个世界受到操纵最严重的市场是期货市场，而非股票市场。任何股票，都有不少长期持股者。期货合同98%都握在短期炒手手中。普通老百姓，放3%的定金买10万吨黄豆干什么？吃又吃不完，放也找不到地方放，目的完全是炒。将自己炒股失败归咎于股市受到操纵是失败者为自己的失败找借口。

问：你认为影响股价的最重要因素是什么？

答：盈利及对未来盈利的预期。买公司的股票，你便成为公司的股东，你不会长期将钱放在没有希望的公司，别人也一样。

问：我很想学股但我怕学股时亏钱，我能否先在纸上学着交易，待能赚钱后才用真钱入市？

答：想法很好，在实际中行不通，因为不把钱投入，你不会经历恐惧、贪婪、希望等心理过程。你在浪费时间。

让我再讲个印象深刻的小故事：

1981年，我在上海交大读三年级，其中有门课是"电工学"，内容无非是电子信号的传播、放大等。最后一堂课，老师告诉我们他今天不谈电工，今天的题目是"夹着尾巴做人"，我们日后进入社会将用得着。这堂课的内容读者可以从题目猜得到。我当时年纪不到二十，对什么叫"夹着尾巴做人"听着好玩，也没怎么放在心上。大学一毕业眨眼30年了，电工学的一切已经还给了老师，唯一记得的就是"夹着尾巴做人"这几个字。随着时间的推移，这几个字越来越显出其价值。活到今天的年纪，夜深人静的时候常会这样想："如果某某时候我夹了一下尾巴，今天或许不会搞到要靠炒股为生吧！"读者不要以为我在说笑，为了学炒股付出多少代价只有自己清楚。当然，人生祸福相倚。炒股对我是福不是祸。如果人生能够重新选择的话，我还会选择炒股为生。能熬出来的话，这真是无与伦比的行业！赌能包赢，天下第一营生。

读者们从这本书学得到多少炒股的本领我猜不着，但如果能记得"夹着尾巴做人"这一条，就算没白读了。将这一点引用到炒股中，我把它作为对读者的最后忠告："夹着尾巴炒股！"

第三节　如果从今天重新开始

这本书再版多次了，每次都会添加些新体验。写这一节的时间是2018年，离我专职炒股已经1/4世纪又多了！这些年不断有股友问我，如果可以重新开始学股，我会怎么办？该读什么书？有什么特别的经验教训？1/4的世纪做同一样事情，当然有无数的经验教训。如果说投机像山岳一样恒久，今天发生的事情昨都发生过，日后还会不断发生！那么我的经历都是在重复前人的经历，今天的我甚至是在重复昨天的我！等到你也在这个行业待了这么久，你的体验应该类似。确实，华尔街没有新鲜事！如果说理解的层次更高了，语言就还是那些。我无法将全书重述一遍，这里聊聊印象最深刻的。

第一个教训是别急发财！这个行业给人一个幻觉是发财容易！报刊网络上常常也会读到快快发财的故事。确实，有时你也会碰到短时间赚很多钱的机会；问题是在股市亏很多钱的机会和赚很多钱的机会是均等的。赚很多钱时鼓起的狠劲通常会在下一个波浪令你亏很多钱。在股市可以简简单单敲一个键就赌上全部身家；诱惑力实在很大，很容易令人疯狂，但你必须控制这个欲望。不过这个关，你就还是股市赌徒，赌徒大多数结果都不怎么样。克服快快发财的心态需要很长的时间，越早克服越好。**回首往事，自己每次摔大跤都找了这样那样的借口，但真正原因都是发财的心太急。**

第二是以博弈的心态来看待股价！刚开始，我和大家一样是用价值分析的方法来研究股票，得出某个股票值不值得买卖的结论；大多数学术出身的都走这条道。问题是价值分析无法告诉股票是否会升，很多时候便宜的股票往往变成更便宜的！**对一般投资者来说，升的股票就有投资价值，跌的股票就没有投资价值！**这和价值分析产生矛盾。按价值分析，股票越跌其投资价值越高！这个矛盾无解。我现在采用的方法是借鉴价值分析的数据，但用技术分析判断市场是否认同。一旦开始使用技术分析，就开始引进艺术思维，心态就不一样了。你不仅参考冷冰冰的数字，你还试图猜测市场上交易对手的心理；你猜测若对手是大户的话会怎么玩小动作。这种心态的改变越早越好。

常常提醒自己：**每次买的股票都是别人卖给你的，要尊敬对手。**

第三是顺势而行！年轻的时候我曾认为自己的双手能够改变世界，到了一定年纪后就产生无力感，就明白自己太渺小；通常是什么都改变不了！新进股市的时候，学这学那，价值分析技术分析，总想依自己的分析塑造明天的股价！遗憾的是股价总是不听话！

喜欢进股市的人通常个性很独立，本身智力很好，对自己的眼光和判断充满信心；很显然，没有这种自信心在任何行业都不会有成功的希望。但这个自信心在股市会碰到一个问题：如果股票的运动和你预判的情形不符合的时候怎么办？是相信自己还是相信股价？从相信自己改变到相信股价的过程并不平坦，这个关也是一定要过的。

今天可以重新来过的话，我会早早对自己说：**既然股价你总是不听我的，那我听你的总可以吧？你不肯跟我走，我就跟你走！**

以上三点都和心理状态有关，我觉得自己花了特别长的时间才调适。过程是渐进的，从喜到痛到慢慢麻木到没感觉，每一步都不容易。

如果股友想快快发财加上对自己的判断信心爆棚，那基本就是灾难的起始；请特别留意。

这里再讲讲读书。我如果现在读书的话会读什么？想增加对股市的认知，实盘交易和读书是相互进行的！一方面拿钱入市实践，另一方面读书从前人的经验中学习，少走弯路。能够站在巨人的肩膀之上，学习起来容易多了。

我会首先了解股票的基本知识；股票这个东西是怎么来的？

通过了解历史，能够明白股票在现代社会起了什么样的功用？现代社会的企业是怎么运作的？还需要了解股票的交易是怎么完成的。我会读几本股市基本知识的介绍。比如股票如何上市，条件是什么？企业如何报道财务等。

接下来我会试图了解现行的股票价值研究体系。即所谓的价值分析。这方面的书很多，我会找简单的书看。什么是本益比，什么是固定资产，等等；这些知识是死知识；也就是巴菲特常常宣扬的东西。这些也是学校教的东西！前面提到很多金融学教授在股市也赚不到钱；所以我不会迷信这些知识，但会努力了解它。

股市有时会给特别机会的！简单的例子就是如果一个公司的本益比只有3，公司也没有负债，生意可以延续，那么意味着三年就可以赚回整家公司。买进股票坐等几年几乎一定有钱赚。这就是价值分析提供的指导意义。一旦你对现行的价值体系有了解，有时会发现价格和价值体系评估有很大偏差的情况，你就得到小风险博大回报的投资机会。

把"价值分析"的一套完全放进股市常常会有困惑，因为股价常常偏离价值分析的光谱！股票的价钱似乎也不完全按照"价值分析"的一套运动。我们可以确定的是买股人多了股价就会升，卖股人多了股价就会跌；那么我们观察其他人买卖股票的情况来决定自己是否跟盘可以吗？这里我们进入"技术分析"，我会看"技术分析"的书；股票的"技术分析"就是看图；股票的图形都是钱推出来的，钱不撒谎。看图有看均线，看形态，等等，"技术分析"是炒股的另一学派；但我也会找简单的书看。我会提醒自己炒股是艺术不是科学，不管是研究数字还是研究图像都不去过分解读。

　　过了"价值分析"和"技术分析"这个关,单独股票的分析操作就基本过关。股民有足够的知识独立操作了。下一步进入的领域是怎么通过投资组合来控制风险。如果一位股民筹上3万5万进股市玩玩,那基本不需考虑资产组合的问题。资产数额大了,那就不好瞎搞!对专业资金管理人员,赚钱慢些可以,亏钱就不好玩了;研习资产配置的一些理论必不可少。怎么通过调节投资的风险来调整投资的期待报酬等算是相当高层次的知识了;没有长时间的努力不可能成功。

　　再进一步就是学习期权方面的知识,他们也是金融市场的组成部分!期权的设置是试图降低股票的风险,但它本身却是极高风险的产品!作为知识进行了解是必要的,我不建议一般股民尝试。

　　股票的运动并不遵循物理学规律,大众心理是推动股价的主要动力;研究大众心理是成为行家的必需。这方面的书最好的是来自炒股先辈的经验,《股票炒家回忆录》是每位股友都应该熟读的炒股经典。

　　不断有股友读完这本书后也想专职炒股,问我有什么建议?我通常的回答都是反对!喜欢钱的人很多,喜欢风险的人其实是很少的!而想在这行成功必须喜欢担风险。新手们常常没搞清喜欢钱和喜欢风险是两码事。只喜欢钱的话在这个行业是待不下去的!随意入行几年一下子就过了,很可能一事无成!时间就浪费了。换个方式问问自己,喜欢独自创业吗?没有喜欢独自创业的心性,专职炒股这份工作大约是不适合的。至于在股市小赌怡情就属于另一个话题。

在这个行业的时间越久，就越体会到这个行业其实很死板的。股票代表的公司从生产轮船到火车到汽车到电脑到手机不断变化，股票本身的特性却还是老样子，除了"升"就是"跌"，一定要加个"不动"的话也成，没出过新花样。但你若喜欢风险的话，这真是个魅力无穷的地方。

附录　金钱的反思

　　这是本讲赚钱的书。然而什么是金钱？人应该怎样看待金钱？这可是一门大学问。取得金钱只表示财务上的成功，而财务成功只是成功人生的一部分。人生活在世界上，追求的应该是成功的人生。成功的人生并不仅仅是取得财富，它是一种心态，在这个心态中你觉得安详、宁静、满足。如果能每日都保有这样的心态，它的积累就延续成成功的人生。

　　没有人反对取得金钱，没钱的话吃什么？钱本身并没有善恶，问题是当金钱积累到一定地步，常常给你的生活带来意想不到的困惑。

　　首先，巨额的财富破坏了人与人之间的正常关系。你怀疑每位和你接触的人是否在打你什么主意？就如英国19世纪的银行家罗斯柴尔德（Rothschild）所言：“我没有朋友，只有客户，财富将你和你的周围筑起了一道高高的围墙。你走到任何地方，人们都期待你慷慨解囊，无论你给多少，身后都是'这么小气'的抱怨声。”

　　财富又常常是家庭问题的源泉。中国的老话说：有钱人家多败子。家庭的财富常使子女失去上进的追求：我为什么要学一技之长？一技之长能赚多少钱？结果是有钱人家的子女失去专业的追求，成为漫无目的的纨绔子弟。自己不肯辛苦赚钱，花钱又不能省！眼睛就盯着家里那几个子儿，到一定时候，为家产兄弟反目，父子失和。这类的"豪门恩怨"比比皆是。很多根本就不是豪门，只不过多出几块铜板罢了。贫穷的家庭，相濡以沫；一旦有了几个钱，开始讲享受，开始问你应该为我做什么而不是寻思我能为你做什么！亲情和关爱就都没有了。

同样的故事重复了几千年。我不是要你不去赚钱。我想说的是，追求超越你本身的需求多得多的金钱是没有意义的。为了达到这个目的，你将失去太多，而且你将为此困惑。麦得思（midas）终于学到了点金术，他的手所碰到的一切都变成了黄金，结果他的女儿也成了黄金。以致富的心态进入股市往往还成为成功的障碍！在炒股行成功的心态是在正确的时间做正确的事情，其他的想法做法都会使操作变形。

我看到过年收入两万的人感叹钱用不完，也见到年收入百万的说钱不够用！你说钱用不完的人富有还是钱不够用的人富有？谁在生活中感觉更为宁静和安详？这完全看你怎样选择和安排自己的生活。永远不要尝试去过超出本身经济能力的生活方式，否则你将为此受到羞辱。

记得我母亲常告诫我："人的福气就是一马车，你小时多吃些苦，福气就留到晚年，小时把福气享受完了，老年时就没有了。"我以前不明白这些话，随着年龄的增长，感悟越来越多。人如果知福惜福，没有非分之想，福气自然会伴随你。一旦你对生活充满非分之想，你就开始预支未来的福分，等你发现福气已吃完的时候，后悔就迟了。

财富和名誉都不等同于成功，它只能算成功的结果之一。成功不是达到目的，而应该是达到这一目的的过程。如果说成功的生命是由成功的秒、分、时、日组成，它的不断延续就是成功的人生。快乐的每个小时，快乐的每一天，快乐的每个月，每个快乐的时刻，你的心中都充满宁静、祥和。中国传统的宿命论说人的一生中，吃多少、用多少都是天定的。我不完全同意这个说法，否则人还要工作干什么？但我相信富豪是天定的。如果哪个人说只要努力就能成为亿万富翁是不实际的。我们有幸生活在和平的年代，没有战争，没有动乱，只要双手勤快，总能有口饭吃。炒股也是一行，有了炒股的一技之长，你通常也不需为普通生活发愁。但你若认为炒股就一定能成为富豪则不切实际。你可能较其他行的从业者富有，但成为富豪在天不在人。

金钱能引出人类善良的一面。但金钱更经常暴露人性的丑恶面，听说过"无商不奸"的成语吗？其间的区别常常是对自身的缺乏了解及对人生意义的茫然。强烈的致富欲望会驱使你学习炒股及在股市赚钱，但这往往使你忽视了风险！最终的结果可能是负面的。强烈的对名誉的追求往往也是缺乏自尊心的表现，因为缺乏自尊心，所以特别追求虚荣心。对金钱和名誉的过于强烈的追求都将使你失去内心的安宁与平静；在股市的直接反映就是试图快快发财，而快快发财的想法在这行是相当致命的！儒家认为安身立命的信条为"中庸"。无论是炒股还是做人，顺自然，戒贪婪，多给自己一些时间，不要太急于成功，平衡自己的身心，别放纵自己，给自己定些规矩且不逾矩。

我不仅希望你炒股成功，更希望你有成功的人生。君子爱财，取之有道。不择手段地求财必然破坏了你内心的安详与宁静。想通这一点，你会发现生活多了很多乐趣。人有很多缺点，其中最致命的就是贪。当贪念太强，你的为人、做事、炒股，全走了样。我希望读者们能时而抽空反思一下金钱与生命的相互意义，这对你炒股成功会有帮助的；清净平和的心境是炒股成功的根本。最后，祝大家好运！